私のエッジから観ている風景

日本籍で、在日コリアンで

はじめに——「マンナソ　パンガプスンミダ」なんて知らないや

韓国語は厄介な言語だと思う。

「はじめまして」という言葉にいくつも種類があるのだから。

目上の人には「チョウム　ペケッスンミダ」というらしいし、柔らかい感じで言いたいときは「アンニョンハシムニカ」というらしいし、「マンナソ　ヨンガンイムニダ」というときもあるらしい。

私は韓国人だけれども、この言葉の使い分けを知らない。

どうやらこういうきちんとした挨拶をするときには「マンナソ　パンガプスンミダ」というらしい。

私は小さい頃から、違和感を感じながら生活していた。なんでだかわからないけれども、家では祖母二人は韓国語をしゃべっていたし、母方の祖母が語るのは韓国の話ばっかりで、日本の話をしてくれたことがなかった。日本の話を聞いても「そのときはソウルにいたの」という。

そのくせ、外に行けば日本式の生活をしているように見せかけていた。家のなかで伯母さんのことは「コモ」と呼んでいるのに、外に出ると「おばさん」と呼んでいた。小学校のとき、グループ研究でおばあちゃんから聞いた戦争の話を発表することになったが、「おばあちゃんから話を聞けなかった」と言ってごまかした。自分の両親がどこの出身なのかということを調べる総合学習があって、他の子たちが埼玉以外に田舎があるという話を、うらやましいと思いながら聞いていた。

一度、小学校のときに、私が「在日」だということを言ったことがあった。周りの同級生たちは「ポカーン」としていた。いまから思えば何のことかわからなかったのだろう。だけれども、これを知った両親にものすごく怒られた。

「どうしてそんな余計なことを言うんだ!」

私はただ、自分の家のことを素直に話しただけなのに、なんで怒られるのかがわからなかった。

その意味を知るようになるのは高校生から大学生のときぐらいだろうか。自分のことを

「在日だ」と言ったときに、ヘンな視線を浴びせてくる人たちに出会ったことがきっかけだった。彼らはなんだか見たくないものを見てしまったように私を見てくる。そして、「そういうことを言ってどうしたいの？」と言ってくる。別に「どうしたい」ということはない。「私は私です」って言いたいだけだ。

そんな人たちとはまた別に、私が「在日だ」というと、熱烈に歓迎する人たちにも出会った。その人たちは何か期待するような視線を浴びせてくる。なぜか私に向かってやたら韓国語で話しかけてくるし、「在日の人ってこうですよねぇ」とか言ってくる。

私は日本の学校にずっと通っていたし、日本語しかしゃべれないし、「祖国のために」生きようとも思わない。

こんなことを言うと、期待する視線が一気に冷めた目線になっていく。挙句の果てには「君は在日らしくない」「君みたいな人はもっと在日について勉強すべきだ」と言いはじめる。「私は私です」と言いたいだけなのに。

こんな光景を見たことがある。

「在日」だっていう人たちが日本人に向かって一生懸命、韓国語で挨拶をしていた。それが自分が誰なのかを示すためのやりかただったのかもしれないが、日常的に韓国語なんて使わない人だから、私には違和感のある光景だった。

私は私の使っている言葉で話したい。誰かが与えてくれた言葉を何も考えずに飲みこんで、自分の言葉として吐き出すなんてできない。

自己紹介のとき、私はこんな挨拶をするだろう。

「はじめまして。私の名前は金村詩恩です」

「マンナソ　パンガプスンミダ」なんて言葉は知らないや。

私のエッジから観ている風景●目次

トックの季節に　47

キンパの季節に

参鶏湯の季節に　125

キムチの季節に

2016/10/19

2016/12/30

2016・10・19

「土人」はいつも猿轡《ぐつわ》をされる

沖縄の辺野古でヘリパッド反対運動をしているグループに日本の警察官が「土人」と言い放った。「土人」と言われたのは、芥川賞作家の目取真俊《めどるましゅん》さんだった。目取真さんは警察官から「土人」と言われたとき、何を言っているのか瞬時にはわからなかったという意味のことをインタビューの中で答えている。

「土人」と言う植民地支配を象徴する言葉を言われたときの「声の出ない感覚」は「日本籍の在日コリアン」という立場のこの私にも理解できるものがあった。

私には嫌いな言葉がある。それは「チョーセンジン」という言葉だ。けっして「朝鮮人」ではない。この時代、「チョン」と言う人たちはネットの中にこそたくさんいるけれども、実際の生活の中ではもう少なくなった。だけれども、「チョーセンジン」という言葉は今でも使われている。

「チョーセンジン」という言葉は魔法の言葉だ。この言葉を聞いた瞬間、私は何をしていいのかわからなくなってしまう。目の前が真っ暗になって、力が抜けてしまうのだ。泣くことすらできない。音のない世界にただひとりぽつんと置かれてしまう。そして、そんな状況に置かれた私は「なんで弱いのだろう」と思い、「声の出ない感覚」に追いこまれた自分自身に自己嫌悪を起こす。

やんちゃな在日コリアンが多かったのは「なんで弱いのか」を突き詰めた先に、「暴力」に行き当たったからかもしれない。私はその方法は取らなかったし、取りたくなかった。言葉を尽くすことこそ、この世界で生きていくことだと思ったからだ。

昔、ネット右翼同士のけんかを音声で聞いたことがある。お互いに「お前はチョーセンジンだ」と罵り合う音声に私は一気に「声の出ない感覚」へ追いやられてしまった。

このように感じる人はどうやら私だけではないようだ。プロレスラーの長州力の本を読んだときに彼がどうしても苦手なことがあると言っていた。それは「チョーセンジン」と言われることだった。彼もまた、「チョーセンジン」と言われると、何をしていいのかわからなくなり、ただ黙っているだけになってしまう。彼のあの大きな体をもってしても、「チョーセンジン」という言葉には打ち勝つことができない。

言葉とは本当に不思議なものだ。

「土人」と言われ、目取真さんが何を言っているのかわからなかったのは偶然ではないと思う。基地問題で起きている現状に加え、「土人」と言われたことで、目取真さんは思わず、「声の出ない感覚」へ追いやられてしまったのではないか。

私が大学時代にお世話になった先生の一人は沖縄学の先生だった。先生とは妙なところで通じているところがあった。その理由はもしかしたら「声の出ない感覚」の経験を共有しているからなのかもしれない。

「土人」と言われる瞬間と「チョーセンジン」と言われる瞬間は同じ社会で起こっている。だけれども、その二つの瞬間は同じ社会のこととして認識されない。むしろ、言葉を尽くせば尽くすほど、「声の出ない感覚」はなかったことにされてしまうか、「声の出ない感覚」に追いこまれた当人の努力　が足りないとされてしまうのだ。

私も長州力も私の先生も目取真さんもこの社会の中で猿轡をされているのだろうか。猿轡をされていることを「共有」できることに私は何か寂しさと希望を抱いている。言葉の可能性は猿轡をされているからこそ生まれてくるものだと思っているからだ。

2016・10・30

日常の中にある問題と路上に出る問題

早稲田大学の人物研究会が在特会（在日特権を許さない市民の会の略称）の元会長、桜井誠を学園祭のゲストに呼んで、いろいろと話を聞くという企画を立てた。この話は瞬く間にSNS上に広がり、結局、その企画は中止になった。

最初、この話題を知ったときに、なんであんな奴を呼ぶのか不思議でならなかった。学園祭では彼が出馬する東京都知事選挙に関してのことをいろいろと聞きたかったらしいが、彼の行状を考えると、こんなこと本当に信用できるのかとも思うし、もしかしたら別の「目的」があって呼ぶのかとも考えていた。正直、桜井から「国に帰れ」と言われているような立場だと、どうせ彼は路上で言っていたのと同じことを叫ぶとしか思えない。

この話題で興味深かったのは「学問の自由」という言葉で人物研究会を擁護する人たち

の多さだった。数年前はこの「学問の自由」を私は享受していた。「学問の自由」は本当に素晴らしい。好きなだけ自分の好きなことを研究できる。当時、学者になりたかった私はこの「学問の自由」が好きだったし、その「学問の自由」をできるだけ謳歌してやろうと思いながら大学に通っていた。

しかし、「学問の自由」っていったいなんだろう、もっと言えば「大学」ってなんだろうということを、私はあるときから考えるようになった。

私が大学生だったある日、学食で友達としゃべりながら、お昼ご飯を食べていた。本当に他愛もない「日常」の時間。隣の席に座っていた学生がビラのようなものを置いて、どこかへ消えてしまった。なんだろうと思って読んでみると「朝鮮人が日本を支配している」という内容が書かれていた。

そのビラがどこに置かれていたのかを私は見つけだし、学部の職員に提出し、事情を説明した。職員はそのビラを受け取ると「ご協力ありがとう。ちょっと学部内で検討するから」と言って、その日は終わった。私は後日、学部当局から何らかのレスポンスがあるものだと期待していた。しかし、なかなか返事が来ない。いったいこの件はどうなったのか。どのようなことを学部内で話し合ったのか。返事もなければ何かしている様子もまったくなかった。私は何度か当局に話をしに行ったけれども反応がない。最終的には大学全体の相談室のような所まで電話したけれども、結局、「それは学部で相談してください」と言われ、そのままこの話は終わってしまった。

この学部との静かなやり取りの間、私は悩んでいた。自分の身の周りにも、とうとう「ヘイトスピーチ」が来てしまったことに。ヘイトスピーチに対して何もできない自分に愕然としていた。

このことは今から考えてみたら、私がこのブログで言葉を編むきっかけののひとつになったと思う。韓国留学から帰ってきて、「国境なんか関係ないんだなあ」と漠然と考えていた日常の中で、あのビラはこの国で私はもう一度、国境と民族の狭間にいる人間であると感じさせられた事件だったのだから。

私は散々、悩んだ挙句、就活や進学のことを考えるよりも「血」の通った卒業論文を書こうと思った。そうすることによってでしか自分が動けなかった情けなさとか、なかったことにされてしまった悔しさとかそんなものをぶつけることができなかったからだ。

今でもどうにかして言葉を伝えたい、言葉を拾いたいと思って生きている。

多くの人がヘイトスピーチの現場を「路上」であると思っている。確かに「路上」で酷いデモが公然と行われていて、その様子を見ても憤りを通り越して、呆れてしまうほどだ。そんなデモに対抗しようと「路上」に出る人も多い。でも、こんな場面だけがヘイトスピーチの現場なのだろうか。

ヘイトスピーチという言葉が巷の人々に広まっていく中で、「ごく一部の人たちが変なことを大声で叫び、それに対抗して怖そうなお兄さんたちとけんかになっている」というステレオタイプだけが伝わってしまって、なかなか日常の中にある差別の構造は伝わらない。ヘイトスピーチを受けている側からすると本当にやりきれない。

差別は日常の中に存在している。そんな中で路上でアクションを起こそうとする人々もいれば、そうではなく、私のように他の手法で何とか向き合っていこうとする人たちもいるし、中には黙りこんでなかったことにしまう人たちもいる。それが現実なのだ。

小さなヘイトスピーチはあらゆるところにある。小さければ小さいほど、そして、それが身近な誰かから発せられればられるほど、どうしてよいのかわからず、いつの間にかなかったことにしてしまう。ヘイトスピーチはけっして遠い路上の出来事ではなくて、ごく隣にあるとても切実な問題なのだ。

「学問の自由」は時に自分で手入れをしなければいけない。そんな手入れを自分で引き受けることに抵抗はあるかもしれないが、思いがけず引き受けなくてはならないときがある。ビラを見たときに自分が何もできなかったことを思い返してみると、重大なことを突然任されたことに対して、なんだか変な責任感とその責任から逃げたいという気持ちがあった。でも、そんな責任から逃げることは出来ないんだっていうことがあの日々から思い出される。

だからといって、「外野のお叱りがあったから桜井を呼ばない」みたいなツマラナイことにしちゃいけないと思う。人物研究会が桜井誠をどうして呼んだのかは結局釈然としないし、納得できない。私が内部の人間だったら「学問の自由」を守るために止めに行っているだろう。

ヘイトスピーカーに私の言葉が届くかは置いておいて、これからのためにどうにかして言葉を編んでいきたい。こんなクソったれな時代の中ででも希望はあるということ、生きるための手段はあるということこそが次の苦難のときに役に立つと思っているからだ。現にこの私を支えているのは苦難の時代を過ごした人々が必死な想いで編んできた言葉だ。

自分の民族的なアイデンティティに悩んだり、性的指向に悩んだり、その他のさまざまな抑圧の中でなんとかして言葉を編んでいこうと思って、大学に通う人もいる。「学問の自由」はそんな人たちにこそ微笑む女神様のようなものだと信じている。

2016・11・03

「何かのため」に生きなきゃいけない時代に

四〇代ぐらいの人と飲んでいて、ふと彼が言った言葉がなぜか忘れられない。

「この歳になると友達が亡くなったことがメールとかで知らされてくるんだよね。自分と同じ年齢の人が死んじゃうと辛いものがあるし、ああ、自分がそういう年齢になっちゃったなあって思うんだよね」

この言葉を聞いたとき、妙な哀愁を感じたが、それ以上のことは想像できなかった。

私はいま二十五歳だ。まだ同級生が亡くなったことに遭遇していない。だけれども、この言葉の哀愁を知る日が私にもやってきた。電通に勤めていた私と同じぐらいの女性社員が自殺した。どうやら過労が原因らしい。これをきっかけにマスコミは電通の労働環境を一斉に叩いた。

確かに今の労働環境はおかしくなっている。かつてのように（とは言っても、私はその時代を「伝聞」でしか聞いていないのだが）働いた分だけちゃんとお金がもらえるとは限らないし、むしろ、労働時間だけが長くなっているのが現実だと思う。

テレビのニュースを観ていると、アベノミクスが成功したとか、学生の就職率が上がったとか報じられているけれども、労働環境や賃金については未だに十分とは言えない。

だが、ふと、学生時代を思い出してみると、労働環境や賃金の問題とは別の問題も見えてくる。

私が学生だった頃、とは言っても、今から二年ぐらい前、「意識の高い学生」が出現した。「意識の高い学生」とは、学生で起業したり、やたら就活イベントに参加したり、いいことは言っているんだろうけれども、どっか空回りしている学生のことである。

私は「意識の高い学生」たちがカッコよく語る上から目線な言葉に小さく舌打ちしていた。大人たちはそんな彼らを時にはいいように利用し、時には彼らの空回りぶりを馬鹿にしていた。私はそれを見ながら、「うわあ。大人って怖い」と思うようになった。

私は就活をしなかった。そんなことなんかよりも、まず卒論を書き上げ、大学を卒業することが優先であり、映画制作のお手伝いや、大学の先生たちのティーチング・アシスタントをこなすことで背一杯だった。私の高校、大学の友人たちは皆、就職していく。友人たちの姿を見て、「私はいったい何をやっているんだろう」と思いながら、忙しい日々を過ごしていた。

私の友人が就活に成功して久しぶりに会ったときのこと、こんなことを言っていた。「意識の高い学生にならないと就職もできないんだよね」。この言葉には哀愁が漂っていた。私がその哀愁に満ちた友人の言葉を実感するのは大学卒業後のことである。

大学を卒業してから就活をしなければいけないと気づいた私はすぐに就活系のサイトに登録した。すると次から次へと、就活用のスーツの話や面接の話、セミナーの話などさまざまな話が飛びこんでくる。それらの話に共通して出てくる言葉は「社会貢献」という四文字だった。スーツは「地球にやさしい」し、面接やセミナーでは、その会社がいかに社会貢献しているかを強調していた。その四文字を見るたびに、「社会貢献っていったい何だろう」と考えこんでしまった。バイトぐらいしか経験していない学生に「社会貢献」なんていう大きな言葉の意味はわからない。

ヘイトスピーチの問題が持ち上がってきたとき、「チョーセンジンは祖国に帰れ！」と言うことが「社会貢献」だとしている人たちがいた。差別のために「社会貢献」という言葉が使われるんだったら、私はそんな仰々しい言葉よりも「生きる」という言葉に未来を感じる。

就活の魔法の言葉となっている「社会貢献」という言葉を使う人たちにも、ヘイトスピーチを公道で語り続ける人たちも「何かのために貢献しなくてはいけない」という強迫観念があるのかもしれない。そんな考え方が強過ぎると、誰かから言葉を奪い、場合によっては命を奪う危険さえある。

妹に子供ができ、「この子のために何を残せるのか」とお金もなければ、地位もない伯父さんである私は一生懸命考えた。そこで思い至ったのは、今という時代を生き抜きながら、言葉を尽くして、語り継いでいくことだった。多分、偶然姪が生まれていなければ私はこうして切実さと言葉に向き合うことはなかっただろう。

何かのために生きていくことから解放される瞬間にこそ、生きづらい今から一歩脱出できるヒントになると私は信じている。

2016・11・14

大統領のどこに問題があるのか

今、ソウルの光化門前が熱い。

朴槿恵大統領が友人の崔順実やそのファミリーに対して、不正に利益を供与していたことがわかり、怒った韓国の国民は光化門の前でデモをしている。光化門前だけではない。韓国全土で朴槿恵大統領に対して抗議するデモが起きている。

私は胸が熱くなりながらも、日本の報道を見ていると、また別の見方をしている人たちが日本に多いということに気づく。どうやら、日本の報道では、今回のデモを「生活の不満」が背景にあるとしたいようだ。

確かに韓国では、格差社会が激しくなっていた。私が韓国に留学していたとき、セウォル号の事件が起きていて、物価は上がっているのに、給料は上がらないという状況を知っている。留学生だった私にとってもきつかった。というのは、ウォン高のために、毎月の仕送りが安くなる。一ウォンでも節約するために、市場で買い物をしていたし、できるだけ安い交通機関を利用していた。

だけれども、そんな韓国の状況だけがいまの盛り上がりの原因ではないとも思っていた。私が韓国にいたとき、デモに対して冷笑的な見方をする現地の人たちが多かったのを知っていたからだ。

「まあ、そんな状況を知らないのも無理はないよね」と思いながら、母から聞いたかつての韓国の話を思い出した。

今からは想像もできないが、六〇年代から七〇年代の韓国は貧しくて、自由もない国だった。豊かになったのはどうやら八〇年代くらいかららしい。

私が韓国へ留学するとき、母がしてくれた話がある。それは「電話」の話だ。かつて、海外から韓国に掛ける電話はすべて国によって盗聴されていた。

もし、政府を批判するような会話だったら当然、当局にしょっぴかれる。

だが、どうやら裏技があったようだ。

ある時間になると国の盗聴担当者も寝るらしく、その時間だけは自由に会話することが可能になる。なので、昼間はあえて、何の変哲もない話しかしないで、「本当の話」は夜中にしていたらしい。厳しいんだか、緩いんだか、まったくわからない。

母が私にこの話をしたのは今の韓国を心配してだった。確かに自由で民主的な社会になったとは言っても、まだ、韓国ではそんなことが行われているかもしれないと心配してのことだった。

私は今の韓国をゼミの先生から聞いていたので、「大丈夫だよ。今はそんなことがないから。それにスカイプでいつでも連絡ができるでしょ」と言った。

軍事政権が続いていた頃の韓国で暮らしていた人たちにとっては、そんなことが日常茶飯事だった。確かに平和な暮らしだったかもしれないが、一見平和なように見える暮らしの中に、ふと政府によって人の権利が制限されると感じる暮らしがある。

これは韓国で聞いた話。韓国では車内灯をつけて、運転することが多い。その理由は軍事政権時代、検問が至る所にあり、当時の法律で、車内灯をつけなければいけないと定められていたかららしい。もし、車内灯をつけなければ、スパイ容疑で捕まることもあったようだ。

韓国では焼酎とビールを混ぜた「爆弾酒」が有名だ。私も何度も飲んで、この「爆弾」にやられたことがある。ずっと私は韓国のビールが日本のビールに比べてライトだから、「爆弾酒」を飲むと思っていた。だが、実際は違うようだ。どうやら、昔の韓国は夜間外出禁止だったそうで、急いで酔わなくてはいけないから、皆で「爆弾酒」を飲んだことが始まりだったそうだ。

今の韓国でも軍事政権時代を思い起こさせる瞬間が日常の中にたくさん埋まっている。それもそんなことが韓国らしさとされている。なんだか不思議な感じである。

再び、テレビを観てみる。

光化門の前に立ち、大統領に抗議する人たちがいた。ここにいる人たちはリアルに、あの軍事政権時代を生き抜き、今こうして韓国の中で生活している。

朴槿恵大統領のやったことを改めて確認してみると、六〇~七〇年代後半まで「大統領閣下」として君臨した父親の朴正熙と同じようなことだった。民主主義と自由を渇望した時代を生き抜いた人たちであれば、「ふざけるな！　憲法を守れ！」と言いたくなるのである。

私はこうした韓国の近現代史にまつわる話を韓国語ではなくて、日本語で書いている。もちろん留学したからこそ知った話もあるが、私は母の日本語を通して、知ったこともある。どうやら歴史に言語は関係ないようだ。

「中心」にひっかかる私

2016・11・22

友人と一緒に、小平にある朝鮮大学校に行ったときの話。最寄り駅である鷹の台駅から朝鮮大学校までしばらく歩く。その途中で、学校の関係者と思われる人たちが「朝鮮語」で話をしていたところに出くわした。

在日コリアンの朝鮮語は少し特殊だ。日本語の世界と朝鮮語の世界がぶつかり合っているので、どうしても、朝鮮語なのに日本語を聞いている感覚になってしまう。朝鮮語というよりたぶん「在日コリアン語」という言葉の方が正しいかもしれない。そんな「在日コリアン語」を久しぶりに聞いて、私は「うわー。下手だなあ」と独り言を言ってしまった。するとそれを聞いた友人が私に「なんで馬鹿にするのか意味がわからない」と私に言った。

どんな言語にも「共通語」と呼ばれているものがあり、それに対して「方言」と呼ばれるものが存在する。世界の中にはこの「共通語」を公式に定めている国も存在する。たとえばフランスは「アカデミー・フランセーズ」と呼ばれている国の学術機関でフランス語の辞典を作っているそうだ。

実は韓国語も似たようなところがある。国立国語院と呼ばれている国家機関で韓国語の管理を行っている。韓国のどこへ行っても、「ソウル訛り」の共通語が憧れの対象になる。これは分断されているはずの北朝鮮でも「ソウル訛り」は憧れの対象らしい。

私が留学に行っていた釜山は「ソウル訛り」ではなくて、釜山語と呼ばれる方言だった。日本で言えば、大阪弁のさらにキツイ河内の当たりの言葉だと想像してもらえばいいだろうか。ちなみに方言が一番きついのが釜山と光州で、言葉が一番聞き取りやすかったのはソウルと、不思議なことに韓国で一番特殊な言語形態を持っている済州島だった。もしかしたら済州島は韓国の本土に合わせるために、どこの地方よりも方言ではなくて、共通語を語ろうとしているのかもしれない。

ふと、なんで在日コリアン語を聞いて、私は「うわー。下手だなあ」と言ったのだろうと考えてみる。韓国に留学に行ったくせに韓国語をしゃべれない私は、聞き取りだけはかろうじてできる。そんな私にとって、韓国語は時に疎外感を感じる言語だった。

私は日本学校へ行った。なので、朝鮮学校や韓国学校の言語教育はいっさい受けていない。だけれども韓国に行くことによって、韓国語を一応、「学んで」きた。もしかしたら、この私は韓国という「韓国語の中心」の土地と近かったことを示したいと思ってしまったのかもしれない。

「真ん中の魔力」はとても怖い。その一方で、私は日本語の方言が好きだ。私の住んでいる土地には方言らしい方言がなかった。生まれたときから共通語で生活していた。そのおかげか、上方落語の上品な大阪弁に私はやられてしまっている。なんだか変な話だ。

私は日本籍を取って、日本学校に行って、日本の大学で韓国語を勉強した。ある意味、民族学校に通って朝鮮語を流暢にしゃべる典型的な「在日コリアン」とはまったく違う地点にいる。

昔、韓国の本土の人と一緒にとある在日の人の取材していたとき、「いやー。あの人は民族学校で韓国語の勉強をしてきて偉いよね」と言われて、ムッとしたことがある。「韓国語をしゃべれなければ韓国人じゃない」と言われているように思った。だからこそ、韓国語は学びたくなかった。韓国語を学んでも、上手くなければ「在日なのになんで」と言われる。そういう「言語マウンティング」に辟易としているからだ。

だけれども、言語マウンティング大会に私もいつのまにか参加していた。それも上手くしゃべれないくせに。自分がどれほど中心に近いかのアピールを誰しもが行ってしまうことをあのときの友人の言葉は教えてくれた。

2016・12・04

デモの現場から教室を経由して祭祀《チェサ》の現場を見る

朴槿恵大統領の弾劾騒動がとうとう山場を迎えている。野党が一二月九日に弾劾決議案を国会で可決することを目指し、セヌリ党の非朴派は一二月七日に朴槿恵大統領が辞任時期を示さなければ弾劾決議案に賛成するとのこと。とうとう朴槿恵大統領も追いこまれたという形だ。

本来はこの憲法秩序回復の過程についていろいろと書いていかなければいけないのだろうが、今回はそんな話とは違って、韓国国内に根強く残っている問題の話をしようと思う。それは韓国における「女性」の話だ。

二〇一四年に私は釜山に留学していた。そのときに、私は韓国政治を英語で学ぶクラスに入っていた。二〇一四年というと韓国の経済状況がよくなかったことを覚えている。物価は上がっているのだが、賃金が上がらなかったことを愚痴る人が多かった。また、その年にはセウォル号の事件もあり、国内では朴槿恵が「何もしない大統領」として、人々がさまざまな不満を漏らしている時期だった。

私がいた韓国政治を英語で学ぶクラスにはベトナム人留学生がたくさんいて、彼らは特に女性が国家元首になったことが興味深かったそうで、クラスを受けもっていた教授に朴槿恵大統領に関しての質問を多く投げかけていた。具体的には「朴槿恵が大統領になったことは韓国の女性の地位向上に繋がっているのか」「韓国の女性の地位は上がっているのか」といった質問だった。

それらの質問に対して、担当教授は朴槿恵大統領が父親である朴正熙元大統領の長女であるということや父親の支持者や政治基盤を引き継いでいるということを話した後に、「朴槿恵大統領の韓国の女性の地位向上に繋がっていない。大統領は結婚しているわけでもないし、主婦の経験もない。なので彼女はWOMANではなくて、PERSONとしてしか見られていない」と答えた。この一言を聞いたときに、自分の中ではこんな言葉が出てきた。「それではいったい韓国における「女性」とはどんな人のことを言うのか」

わが家はクリスチャンだ。なので親戚が行っている祭祀（チェサ）に参加することはない。なのでチェサが終わった後を見計らって、正月の挨拶回りで伯父の一家に会いに行く。

チェサは本当に大変なのだ。誰が大変なのかと言えば、家に関わる女性が大変。とりあえず親戚中の女性が台所に立って、料理を作り、チェサの後片づけまですべてをこなす。男は午前中にご先祖様へのご挨拶をした後に、ただ飲んだくれているだけ（笑）。

お正月、私が伯父の一家に挨拶回りをするときには必ず、伯父の妻である義伯母が常に台所に立ち続けているし、正月にしか顔を合わせない私たちの世話まで焼いている。母が「私、やりましょうか」と言っても「いいから座ってて！」と言われ、母が出る幕もない。伯母は伯父に嫁入りするために済州島から日本にやって来た。私のような在日とは違って、韓国で育っているので、もしかしたら、チェサをやることの意識が違うのかもしれない。

チェサの空気に耐えられなくなった私は一度、手伝おうとしたが、伯母はやはり私を手伝わせなかった。このことを父と母に相談したところ、「伯母さんはそれを誇りだと思っているんだよ」と話した。それ以降、私は伯母の手伝いをしないようにしている。伯母が韓国の女性を代表しているとは限らないが、そんな役割をこなしている女性こそが「女性」であると考えている人がきわめて多いと思う。

こんな問題をこの時期に書いたのには理由がある。それは朴槿恵大統領の辞任を求めるデモの中でさまざまな芸能人が参加し、会場で歌を歌ったり、コントをしたりした。その中で、ある芸能人の歌が女性を誹謗中傷するものだとして問題になり、デモの当事者たちの話し合いでパフォーマンスを取り止めたことがあった。

そのニュースに触れたとき、韓国でも少しずつ状況が変わりつつあるのかなあと思った。「女性大統領」という問題ではなくて、「憲法に違反するような行為をした大統領」として朴槿恵大統領を批判するのであればそれでよいと思う。だが、今回のことをきっかけに女性への批判ということになってしまえばそれは違う。幸いそのような方向ではなく、憲法に違反するような行為をした大統領として国民から批判されている。

今後どうなるかわからないが、そんなことはチェサで働きづめの伯母を見ていると、とても希望のようにも感じる。同時に伯母がチェサで働くという行為も私は受け容れなければいけないのかなあとも思っている。「これが正義だからこのことには従わなくてはいけない」とするのは何か違う。伯母にとってそれが誇りであるのであれば、私は見守っていきたい。もし、「女性の権利」を切り札に伯母に対して何か言うのであれば、その態度こそが「女性はこうでなければいけない」というどこかで見た光景を私自身が再生産してしまうと思うからだ。

伯母が「もう止めたい」と言ったときに、私はどんな言葉を掛けるだろうか。デモの現場でのちょっとした出来事は海を越えたここでも、日常のなかの小さな出来事として起きている。

2016・12・10

「暴露される」恐怖

俳優の成宮寛貴さんが引退したというニュースが目に飛びこんできた。どうやら週刊誌で報道されていたコカインの吸引疑惑が彼の引退を決意させる原因だったらしい。最近、芸能人のクスリにまつわる話が多い。チャゲ＆飛鳥のＡＳＫＡが覚せい剤で、女優の高樹沙耶が大麻で逮捕されたり。そんな薬物犯罪が巷で話題になっている中で成宮さんのコカイン吸引疑惑が週刊誌で報道された。

成宮さんは芸能界引退を発表する文章の中で成宮さん自身のセクシャリティーが週刊誌に報道されたことを引退の要因として挙げていた。彼には以前からセクシャル・マイノリティーである噂があり、私はネット上でそれを読んだことがあった。

「そんな個人情報、どうでもいいだろ」と思いながら、そんなページをついつい読んでしまう私がいた。

誰かによって、自身の性的指向が暴露されることを「アウティング」と呼ぶそうだ。最近、一橋大学の大学院に通っていた院生が同級生にアウティングされ、自ら命を絶ったことは記憶に新しい。そのような事件があったにも関わらず、今回も「アウティング」による悲劇が起きることになった。

性的指向が「アウティング」される立場の気持ちが完全にわかるわけではない。ただ、暴露される恐怖は私のような民族的なマイノリティーでも共有している問題だ。

「在日」であることが暴露されてしまったら、大変なことになるんじゃないかという想いの中で、私は高校時代を過ごしていた。近所に朝鮮学校があり、担任の先生は朝鮮学校に対してよく思っていなかったことや、韓国籍であることがわかった途端に高校を辞めることになった私の伯父の話を聞いたことがあったからだった。

そんな話を聞いて育つと、どうしても「私は私だ」と言うよりも「いつ私の正体がバレてしまうのか」「正体がバレたら社会から排除されてしまうのではないか」「私の正体をバラさないように生きていこう」という感覚になる。

民族的なマイノリティーはまだ暴露されたとしてもマシかもしれない。それは家族という身近な逃げ場所が存在するからだ。しかし、セクシャル・マイノリティーの場合はまず家族に自分自身が何者かとカミングアウトするところから始まっていく。私のような立場よりも孤独をより強く感じているかもしれない。

そんな孤独をあざ笑うかのようにマスコミが平気で「アウティング」をしてしまうのには愕然とする。それと同時に小学校の教室と何ら変わらない今の社会が持つ欲望の渦の中に私も巻きこまれるのではないかという恐怖が襲う。

マイノリティーの当事者たちは常に消費される立場に置かれる。その立場を建設的に疑いつつ、外の世界とコミュニケーションを取っていく人々がいることも事実だが、すべての人がそのような高等技術を持っているとは限らないし、「自分自身が何者かを言わない」選択肢を選ぶ人もいる。私自身は「私は私だ」と言う立場の人間だが、そんな自分自身を語らない当事者の気持ちも尊重したい。他者の生き方や在り方を決める権利は誰にもない。それを決めるのはその人自身だ。

近代市民社会には「疑わしきは罰せず」というルールがある。本来は警察権によって容疑者とされた市民に対して人権を不当に奪わないようにするルールだ。私はあえてこの原則に従いたい。仮に彼が罪を犯していたとしてもそれは彼の罪であり、彼の属性による罪ではない。だからこそ、集団の欲望によって、彼の属性を見世物にしてはいけない。まして、それが彼が隠したいと願っている属性であればなおさらだ。

2016・12・12

神様を信じている人の日常

福島で一〇〇体以上の地蔵や墓を壊した男が捕まった。私はプロテスタントで宗教がまったく違う立場とは言え、この事件には憤りを感じる。どういう動機だかはわからないが、これからの供述でいろいろなことがわかるようになるだろう。

同時に、今回の事件に関して、かなり酷い反応があった。逮捕された男が韓国籍だったということで「反日」と結びつけて事件を語ろうとしている人たちがいる。犯人がどういう信条を持っているかは伝えられてないし、判断もできないが、国家や民族という想像物を狂信している人類の姿に、神様はせせら笑っているかもしれない。

それだけ国境を越える信仰の話を人種主義の話として消費したい人たちがたくさんいるのだろう。そんな現実にこの事件とはまた別の酷さを感じる。

「日本人は宗教に寛容な民族だ」なんていう話を聞く。

一年の行事を見てみれば、クリスマスはあるし、初詣もあるし、お盆もあるし、赤ん坊が生まれれば神社にお参りに行くし、結婚すれば教会で式を挙げ、亡くなるときには仏教式の葬儀を挙げる。確かに一見すれば「日本人は宗教に寛容な民族だ」なんていう神話が信じられるのも頷ける。だが、本当なのだろうか。

私が小学五年生だった頃、私は二つの行事に参加できなかった。その行事とはプール開きと日本人形作りで、一見宗教的な行事とは思えないだろうが、クリスチャンである私にとってはかなり宗教的なものだった。プール開きではお酒をまいて、ちょっとした神道の儀式っぽいことをやるし、日本人形作りは私が属している宗派だと偶像崇拝になる。こういったことは学校生活を送る上で常に付きまとった。

高校時代にあった宿坊研修は宿坊に泊まって、朝の勤行をする行事だったので、かなり前から私が悪性の風邪を引くことが家族会議で決定した。こういうことは事前に牧師さんに相談して決める。彼は即座に行かなくていいと言ってくれた。皆勤賞は取れなかったが、信仰の方が大事だから全然問題はない。

私は一度、「ズル休みじゃないんだから、出席扱いにしてもらえないの?」と親に言ったことがある。親はなぜか頑なに「それは無理なんだよ」と私に諭していた。大学生になってからその理由がわかった。憲法の授業で宗教上の理由の欠席を出席として認めてほしいという訴訟があったことを知った。結果として、請求棄却で終わったらしいのだが「日本人は宗教に寛容な民族だ」なんて嘘じゃないかと改めて感じさせられた判例だった。どうやらこの判例は教会関係者の間では有名な話らしい。

聖書から由来している私の名前を見て「ＤＱＮネームですか」と言った人もいた。きっと悪気はないし、知識の問題なんだろうけれど、私は苦笑しつつも何か大事なものが否定されたような気がした。

信仰を持つ人間なんかいないということが宗教に寛容であるというわけじゃない。なかったことにする理論はここでも働いているのかな。

仏像を壊されたこと、お墓を壊されたことで怒る気持ちはわかる。でも、その怒りを人の信仰を軽視する今の日本の人々にも向けてほしい。

私は仏像や墓を破壊した人も許せないし、こんな私の日常の中にあることも許せない。信仰には国境なんて関係ないはずだし、誰にも否定するような権利もない。

地蔵が壊されていることはプラズマ画面の向こうのことだけれど、私にとってはなんだか他人事のようには思えなかった。

2016・12・30

「野蛮」の中で「野蛮」を見つける

こんなニュースがあったことは知っているだろうか。十二月二十四日の夜、新千歳空港で中国人観光客が大暴れした。北海道では近年まれに見る大雪が降ったせいで、十二月二十二日から欠航が相次いでしまい、とうとう痺れを切らした観光客が大暴れしたというニュースだ。ここまで大騒ぎになったのは、二十三日に搭乗する予定だった飛行機が大雪のせいで欠航になり、観光客が空港で一晩明かしたのにも関わらず、先に二十四日当日に出発する搭乗客を優先して、案内したことに原因があったようだ。

中国ではどうやらこういった遅延や欠航が多いらしい。こんな事態はかなり慣れっこな人々がこのように暴れ出すということはよっぽどのことがあったのだろう。暴れ出すのはよくないし、何の解決にもならないけれども、「そんな気持ちにだってなるよな」と思ってしまう。

今回、この事件を巡ってさまざまなことを言う人たちがいた。そのどれもが「中国人が野蛮である」という言説だった。「こんなところで待つこともできない中国人は本当にマナーが悪い」「中国人には「公」という概念がない」などと言う始末である。

昔、ある有名な若きアメリカの文化人類学者がパプア・ニューギニアの首狩り族の調査という名目で、とある村にやって来た。その学者が村に来た理由は実は徴兵を怖れてのことだった。当時、アメリカはドイツや日本、イタリアと戦争を行っていて、若者を徴兵していた。どうしても戦争にだけは参加したくないということで、その村に研究調査という名目でやって来たのだった。

当初、その学者は首狩り族の勇敢な戦士たちに負い目を感じていて、村の人々になぜ来たのかを言うことはなかった。しかし、ある日、その村の一番勇敢な戦士に、村に来た本当の理由を告白した。告白した当初は「馬鹿にされるのではないか」と思ったそうだ。しかし、その勇敢な戦士が彼の告白を聞いて、こんなことを言い始めた。

「お前の国だと一般の人間に戦争をやらせるのか。なんて野蛮な国なんだ」

今でこそ徴兵制の国が減りつつあり、頷ける言葉なのだが、この当時は一般の人間は兵隊として戦争に行くことが当たり前で「近代的」とされていた時代だ。まして、今以上に

「文明」と「野蛮」が強調され、首狩り族のような人々が野蛮と考えられていた時代に、この言葉は若き学者に衝撃を与えたそうだ。

「文明」と「野蛮」。そんな二項対立でさまざまなものを見がちだ。しかし、空港で暴れてしまった中国人観光客を「こんなところで待つこともできない中国人は本当にマナーが悪い」もしくは「中国人には「公共」という概念がない」と言ってしまう人々の言葉にこそ野蛮さがないだろうか。

「野蛮」の中に生きている人々は外の世界の「野蛮」を見つけ、自分たちの「野蛮さ」を「文明的」であるとしたいだけなのかもしれない。「文明」と「野蛮」、それはきわめて恣意的な線引きではないかということを私に気づかせてくれた。

トックの季節に

2017/01/09

2017/03/12

2017・01・09

こんなときに求められること

日本政府が駐韓大使を一時帰国させた。どうやら二〇一五年に締結した慰安婦問題に関しての日韓合意を守らないことが原因だったようだ。

この合意によって市民団体の設置した慰安婦像を撤去しようとしていたが、その団体は釜山の日本総領事館の前にまた新しく慰安婦像を設置した。この出来事は日本政府を怒らせ、合意の不履行から駐韓大使を帰国させることになっただけでなく、日韓の間で取り交わされていたさまざまな交渉を打ち切らせることになった。

慰安婦問題に関しての報道を見ていると私はあることを思い出す。

私は母からこんな話を聞いていた。母がまだ幼い頃、祖母と一緒によく韓国に帰っていた。その際に宿泊するホテルには必ずお金持ちの日本人にすり寄るコールガールがいたそうだ。その光景を見て幼かった母は嫌悪感を持ったという。

「女性としてそのようなことをしていいのか」

「韓国人としてのプライドはないのだろうか」

母はこの話をすると毎回「こんなときに私は女性や韓国人としてのプライドを感じていたよね」と言って話を終える。

大学四年生になって、私は釜山に留学をした。その中で、私はある日本人のおじさんたちと飲む機会があった。その宴会はかなり盛り上がり、楽しかったのを憶えている。いい気持ちになって、そのおじさんたちをホテルまで送ったとき、おじさんが「女を呼びたいんだけど、どう呼べばいいの」と私に言ってきた。この言葉を聞いたときに言いようのない怒りが私の中から沸き上がってきた。今まで感じたことがない「韓国人」としての怒りだ。韓国人としての意識もとくになかった私にとって、新鮮な感情だった。その場ではどうしていいかわからず黙っていたが、この件は釜山留学中、私が考えつづける課題となった。

この体験を日本に帰ってきてから、いろいろなところで話した。あまりにも酷い現実を伝えたかったからだ。しかし、あるとき大学の後輩にこんなことを言われた。「先輩は民族的なことで怒っていたんですか。それとも女の人がそんな扱いをされて怒っていたんですか」。

この質問の前で思わず黙ってしまった。私は女性の人権よりも国家や民族という視点になっていた。なぜ私はそんな視点を持ってしまったのだろう。母がコールガールを嫌がっていたのはどうしてなのか。私はなんでそのおじさんたちが嫌になったのか、怒りが沸き上がったのか。

実際に二〇一五年に締結された日韓合意は国家間の問題として慰安婦問題が語られ、「解決」されてしまった。国家間の問題になればなるほど、私は慰安婦問題が遠くのものになってしまうと危惧している。本来、慰安婦問題は「帝国」によって行われた女性への人権侵害だ。それは彼女たちの自由意思に基づいて行われたことでないことは明白であり、強制された空間で行われた戦争犯罪である。そして、この問題は今でも続いている問題なのだ。

このように国家間の問題として、向こう側の話として語られることに何か違和感を感じる。女性の尊厳は国家や民族を通してなければ主張できないのだろうか。声なき声はどこへ行ってしまったのだろう。

民団の呉公太団長が新年会の挨拶の中で慰安婦問題について言及した。二〇一五年の合意を評価し、慰安婦問題を政治的に利用してはいけないということ、少女像については「撤去すべきというのがというのが在日同胞の切実な思いだ」と述べたそうだ。団長としてこのようなことを言わなければいけないということだったのだろう。こういった意見があることも尊重をしなくてはいけない。私自身、どちらかといえば、この団長の意見に近い。二〇一五年の合意については評価しないが、この合意を結んでしまった以上は両国政府は誠実に果たす義務がある。このような合意を結んでしまった当時の韓国政府にも問題があるというのが私の意見だ。

しかし、団長の言葉にはまた別の意味で違和感を持った。

私みたいな「在日」という立場は日韓関係で何かあると口が疲れてしまう。慰安婦問題のような日韓関係の問題があったときには韓国側のことを説明する立場に立たされるからだ。こういったときのみならず、韓国の情勢について何か聞かれることがあったり、「在日」全体の代表者として何かを言わなくてはいけないような立場に立たされる。

たとえば「在日」として韓国語がうまくなくてはいけないであるとか、日本人に帰化してはいけない、もしくは民族学校に通わなくてはいけないなど、さまざまなその人の在り方を規定してしまう。このような中でかつて自分自身の在り方に悩み、自ら命を絶った私と同じ歳の青年もいた。このような共同体による個人の規定はけっして対岸のことではない。

私がかつて釜山に留学をしていたとき、日本人留学生たちは自分自身を「日本人の代表」といった意識を持っていた。私が酒の席でしくじりを起こすとすぐに「日本人の代表なんだからしっかりしなきゃだめだよ」なんていうことを言ってきた。どこにでも存在する共同体の罠なのだ。この罠はそれだけではなく、社会全体の問題として共有しなければいけない問題を対岸の火事としてしまう。代表性を持つことでマイノリティーを可視化しただけでは何も変わらない。

代表性を持つこと、持たされることは共同体の引力の中に私自身を引きこませる作業である。その作業からどのようにして私自身を話していくのかが最も重要なことなのかもしれない。

私がまだ大学生だったとき、こんなことがあった。私と同じゼミにいた在日の子と合宿で話をしたときだ。ふと彼女は私に「お前が在日の代表として話をするのがなんか気に入らなかった」ということを言ってきたことがあった。

共同体の求心力や居心地に自分自身の身を委ねることではなく、共同体の求心力や居心地を冷静に見つめながら、自分自身の立っている立ち位置を常に建設的に疑っていくことこそとても重要なことではないか。私はそんな構造を疑いながら、別のやり方で言葉を紡いでいきたい。

2017・01・19

リビングとクラスTシャツと生活保護

高校時代、私のいたクラスでは運動会や体育祭のときにTシャツを作ることが一種の決まりになっていた。私のクラスにはイラストやデザインの上手い子がいて、女の子たちが音頭を取ってTシャツを作っていた。そのシャツを着て運動会や体育祭に参加していたっけなあ。でも、行事が終わってしまえば、見事に寝巻に変わってしまう（笑）。これがあったお陰で、高校時代は無駄にTシャツを買わなくて済んだ。

小田原市であのジャンパーを作っていたお役所の人たちも同じようなノリで、小田原市の生活保護を担当する部署で、有志の職員がお金を出し合って、ジャンパーを作り、着用していた。ジャンパーには英語で「生活保護なめんな」などと書いてあり、それを着て、生活保護受給者の家を訪問していたそうだ。

この話にはいろいろな意見があった。私費で作ったものを事実上のユニフォームとして扱っていたことに怒りを感じた人、かつて生活保護を担当する職員が生活保護受給者に襲われたことから同情する人、そもそも小田原市の生活保護がきわめて受給しにくいことを指摘する人など。生活保護を巡る問題についてはお笑いコンビ「次長課長」の河本の一件から関心が高くなっているようだ。

あのジャンパーには「あえて言おう、カスであると」と英語で書いてあった。一世を風靡したアニメのセリフだという。ジャンパーの言葉はガンダム好きにはかなりたまらない言葉らしいが、私みたいな立場からすれば酷い悪ノリで、しかも、わからないように英語で書いてあったことにタチの悪さを感じる。

生活保護を担当する職員はこのジャンパーを手にして、連帯感を感じていたと思う。高校時代にクラスTシャツを作って、皆で着ていたことを思い出すとあんなにワクワクした瞬間はなかった。彼らにとって、生活保護受給者は連帯感を高める存在でしかなかったのかもしれない。

生活保護しか社会保障を受けられないという人たちがいることはあまり知られていない。かつての社会保障は日本国籍がなければ受けられなかった。その代わりに受けられる社会保障制度は自治体の裁量で決まる生活保護だけになる。

この生活保護には私の父もお世話になった。父の家族は裕福であると言えず、かなり苦労をした。日本国籍を持たない在日として生きていた父の一家は生きていくために何度も役所に通った。しかし、役所で嫌味を言われ、こっぴどくいじめられたそうで、父や伯父はその影響か役人が大嫌いになってしまった。だが、そのくせ父は息子である私を役人にしたがっていた。それは役人が力がある存在だということを経験からわかっていたからかもしれない。

このジャンパー事件の怖さはいったい何だろうと考えていた。相模原市で起きた障害者殺傷事件の犯行動機を知ったときの怖さと一緒だと思った。あの犯人は社会にとって必要か必要じゃないかという枠組みで凶行に及んだ。あのジャンパーを作った人たち、何も考えず着た人たちにも同じ狂気が隠れている。それは社会にとって必要じゃないと判断した人たちを「カス」と呼ぶ狂気だ。

私にとってもけっして他人事ではない。今、働いている業界は低賃金が原因で貧困に悩む人たちが多く、私自身もけっして高い賃金で働いてはいない。先日、年金の支払いを安くしてもらおうかと両親と話をしたところだ。弱い人はこの社会でますます生きにくくなっている。

朝、出勤前に父とリビングで観た情報番組はこの小田原の事件についてだった。父は大嫌いな役人の失態を「それ見たことか」と言わんがごとくこんなことを言った。「あいつらは昔っからそうなんだ。弱い奴にはとことん強い」。父の血肉から出た言葉を私はただ聞くしかなかった。

2017・01・27

拝啓　デマサイトを管理していた人へ

はじめまして。私はあなたと同じ歳の二十五歳の在日コリアンで、名前はＳＨＩＯＮと申します。あなたがこんなブログを読むかどうかわかりませんが、今回、私のブログ上で手紙を書かせていただきました。本当は私の実際に書いた字で、私の本名と住所をしっかりと明記した上であなたに手紙を書きたいと思ったのですが、それはインターネットの特性上できないということでとても残念です。

あなたがインターネット雑誌でインタビューを受けている記事を拝読させていただきました。『大韓民国民間報道』というブログを立ち上げた経緯、ブログの中で問題になった記事はフェイクニュースであったこと、短期的にお金を稼ぎたいという目的があったこと、ニュースサイトの真似事をする方法、告訴されにくいということや記事のＰＶ数を稼ぎやすいという理由だけでヘイトスピーチを招くような記事を書いていたこと、さまざまな理由と手法でブログを執筆していらっしゃったのですね。私はあなたの無邪気でどこか他人事としか思えないような独白に対して、怒りを通り越して、もはや感心してしまうぐらいになりました。

あなたの儲かりたいというちょっとした気持ちで書いたフェイクニュースによって、路上で「朝鮮人は帰れ」「韓国人は死ね」と口汚い言葉を吐くようになってしまう現実があるからです。私が今まで私の故郷として愛していた東上野の近くでもヘイトスピーチが公然と吐かれるようになりました。唾ならばまだしも、ありもしないことで中傷されるのはあまりにも理不尽です。

私は小学校一年生のときに帰化をしました。帰化をした理由は私が警察官になりたいという夢を親が実現させてあげたいという親心だったんです。私の両親や親戚たちは韓国籍であったことで進学や就職の際に苦労しました。私のいとこも警察官を志望していたのですが、国籍条項があったので警察官になることができませんでした。両親は私に日本籍を与えることによって、この社会で生きていく選択肢を与えてくれたんです。

私が帰化したときはいい時代でした。やがては在日もすべて帰化していくだろうと言われた時代で、本当に国境や民族なんていうものを考えなくてもいいと思っていました。ですから、いつまでも国籍にしがみついている同胞たちを蔑んだ目で見ていた時代もありましたよ。しかし、そんな時代は過ぎ去って、私が韓国人であったというだけで言われもしないことで罵倒され、命を脅かされる時代になりました。

最近、家ではどうやって苗字を変えようかと真剣に話しています。私の苗字は植民地時代に名乗っていた名前です。「そんな苗字をしていては韓国人だとバレるからいつでも変えなさい」と両親は言います。かつて日本に帰化することが可能性を広げると言われたのに今では名前を変えなければ命に関わると真剣に話すようになってしまったのです。

私だけが被害に遭うのであれば、それは私自身、覚悟をしてこの現実を受けとめるだけで十分です。しかし、私には姪がいます。この子の母親は私の妹です。この子が今後、韓国人の子だと言われいじめられ、こんなことを考えたくはありませんが、この子の命もどうなるかわかりません。私一人、もしくは私の一家だけで済む問題が未来の世代にも大きく影響を及ぼすようにもなってしまったんです。本当にやりきれません。

あなたは記事の中で「デマや噂なんてこの世にありふれている。それに踊らされるのは個人の問題ではないでしょうか。噂を流した側の責務ではない。これからもデマはでき続けるはず。収益化できるかは別ですが」と言いました。あなたの流したデマそのもので私や私の大事な家族やそしてこれからの人生を健やかに生きていく権利のある姪の未来を大きく傷つけているのです。

私はあなたの儲けたいという気持ちの犠牲にはなりたくありません。まだまだこの世の中を楽しく生きていく権利があります。あなたはちょっとした気持ちでやっていたのかもしれませんが、あなたのせいで私たちの人生は大きく変わろうとしています。それでもこの中を生き抜いて本当の言葉を私は見出していきたいです。その言葉の中に未来を生きるヒントがあると思うからです。

あなたに言います。儲けるためだけに人を傷つけるようなサイトを作るのは止めてください。二度としないでください。私の平穏な日常と未来を返してください。私の切実なお願いです。

2017・02・13

やっぱりチャンジャが好き

テレビを観ていて、日本文化を紹介する番組がなんとなく増えたと思う。日本文化なんて日本にいる私でもわからないので、こういう番組はありがたい。

釜山で留学していたときも「日本の文化を教えてよ」と言われたし、先日、韓国人の友達と一緒に浅草寺に行ったときにも、「日本ではどうやってお参りするの」なんてことを言われた。

だけれども、申し訳ない。私は日本文化をまったく知らない。

家の中でそれとかけ離れた生活をしていたからだ。クリスチャンなので寺社仏閣なんて近寄らなかった。

お葬式に行くと、周りがお焼香をしている中で、私一人だけはカサブランカの花束を祭壇に捧げて、お祈りを捧げるというスタイルだ。

日本文化を紹介する番組をありがたがるこんな私でも、ちょっと戸惑った番組があった。それは正しい日本文化を海外で教えてやろうとする番組だ。

たとえば海外で展開している日本料理屋がある。その日本料理屋で出されている「滅茶苦茶な日本料理」を正すために、日本からわざわざ日本料理の料理人を呼び、「正しい日本料理」を教えるといった内容だ。

この番組を観ながら、「うーん。自分は滅茶苦茶な日本料理のほうが好きだな」と思ってしまった。


私はチャンジャが大好きだ。

記憶に間違いなければ四歳の頃にチャンジャデビューし、それから二一年間食べ続けている。

四歳児にとってチャンジャは辛すぎる。なので、水で洗ってチャンジャを食べていた。

だが、成長するにしたがって、水で洗う必要はなくなる。

私は一〇歳ぐらいのときにはすでに水で洗わなくなっただろうか。

ちなみにこれを我が家では「元服」と呼んでいる。

学校に入ってから、チャンジャは夏休みと冬休みのみに登場する食べ物になった。チャンジャを食べていると「夏休みになったなあ」とか「冬休みになったなあ」とか思ったものだ。

つまり、チャンジャは私にとってTUBEのような存在であり、広瀬香美みたいな存在だ。

チャンジャは夏の暑い日に食べるのがベストだと思う。夏の暑い日のお昼。

誰もいない静かなリビングで、昨日、残った冷ご飯に冷たい麦茶を注ぐ。

そして、冷たい麦茶かけご飯と共にチャンジャをいただく。

最高のシチュエーションだ。

私はこの一連の食事を「浅草チャンジャ祭り」みｓ。

別に浅草はまったく関係ない。

書きたくなっただけだ。

韓国に留学したある日のこと、チャンジャが恋しくなった。

いわゆるホームシックというやつである。

私はチャンジャを探しに市場へと出かけた。

だが、チャンジャがないのだ。

いや、正確に言おう。

「チャンジャ」は存在する。

だが、家で食べているあのしょっぱいチャンジャがない。

少なくとも釜山のチャンジャは甘いものだった。

私の韓国語の先生にチャンジャを頼んでみた。

先生が持ってきたチャンジャは甘いチャンジャだった。

これはこれで悪くない。というか、甘いチャンジャと卵かけご飯は絶品だ。

だが、何かが違う。

私が食べているチャンジャはどうやら日本にしかないらしい。

でも、あの日本にしかないチャンジャが好きだ。

多分、韓国の人があのチャンジャを食べたら、「このチャンジャを出したのは誰だ！女将を呼べ！」と言うかもしれない。

だが、私は胸を張って、「これが究極のチャンジャだ」と黒いスーツに、黒いネクタイをして言うと思う。

むしろ、こうやって言い合うことのほうが大事なんじゃないかと思うくらいだ。

美味しいと感じるものはそれぞれ違う。

キムチにしても地方によって味が異なるし、好き嫌いだってある。

韓国ではさまざまな郷土料理が存在していて、それぞれの地方の味がある。

私の家の料理は済州島の味と忠清南道の味とソウルの味、そして、日本の関東圏の味が複雑にミックスされたものだ。

それぞれ、いや、これは美味しくないだろとかこれは美味しいと言って、作り上げてきたものだ。

それはお互いの好みを言葉にすることによって、成立したものだと思う。

もしかしたら、私が食べたいチャンジャは本当のチャンジャじゃないと言う人もいるかもしれない。

そんな意見があっていいと思う。

だけれども、私にとって、これが「本場」のチャンジャなのだ。

いろいろな意見があっていいと思うし、そんな意見同士が混ざり合ってまた新しい料理が生まれて、私の舌を喜ばせてくれるのであれば最高だ。混ざっているからこそいいし、違っているからこそいい。

2017・02・15

独裁者の血から見えるもの

金正日氏の長男である金正男氏が暗殺された。この暗殺は異母弟である金正恩氏が命じたのではないかと言われている。このショッキングなニュースを私はまるで韓国の大河ドラマのようだと思った。国号で「民主主義」と名乗りながら、前近代的な政治を行っている北朝鮮のお家騒動として見ている。韓国国内でもかつて李氏朝鮮時代の王位継承争いさながらの兄弟げんかだ。

朝鮮日報のとある記事でこのショッキングな事件を「血統」という視点から語っている記事が掲載されていた。その記事によれば金正恩氏は兄の金正男氏に対して劣等感を抱いていたという。その理由は彼の母親が「二等市民」扱いされている在日朝鮮人の帰国者だったからだといわれている。確かに今でも金正恩氏は自分の母親については詳しく明かしておらず、さらに「白頭の血統」と呼ばれる父親の血筋を強調して政権の正統性を主張している。

「在日」が祖国に足を踏み入れるとき、さまざまなことを要求される。韓国語の上達が代表的だが、同じ民族同士の結婚など、韓国人ないしは朝鮮人としての血の濃さまで求められる。

韓国には「在日」の蔑称として「パンチョッパリ」といった言葉も存在する。その言葉の意味とは「半日本人」という意味だ。

帝国の落し子である「在日」はこの三つの国家の中で常に二等市民として扱われ、その存在はきわめて政治的なものとして利用されてきた。時に民族としての完璧でない面を出すことによって「このようなパンチョッパリ／韓国人／朝鮮人になってはいけない」とし、また、共同体を代表する存在としての面を出すことによって「このような韓国人／朝鮮人／日本人になるべきだ」という日本・韓国・北朝鮮のディスプレーとしての利用だ。そして、この行為はすべて血統主義の名の下に行われている。

日本でも「在日」は植民地の人間として扱われ、帰化する手段以外で市民権を手に入れることがきわめて困難だ。そして、巷に出ればありもしない単一民族思想を持った人々によるヘイトスピーチに身を晒される。

この現実を見た瞬間、自らを民族共同体の中に身を置く道か、それとも拒絶された祖国を捨てて、日本の市民権を得るために帰化し、祖国の実態を自ら「明かしていく」日本の名誉市民として生きていく道を選択することになる。

血統主義は前近代的に見えて、実はきわめて近代的なものだ。ドイツで「国民」を創生する過程で生まれた血統主義は近代化とともに日本に入り、さらに植民地化の過程で韓国と北朝鮮に入ってきた。国民を定義するだけの意味でしかなかった血統主義を、日・韓・朝の人々は頑なに信仰している。その信仰のせいか、日本も韓国も北朝鮮でも、血統によって政治的影響力が決まってしまう。

「二等市民」であるとされている「在日」を見せることによって、日本も韓国も北朝鮮もあるべき国民を創り出している。そして、皮肉なことにそんな「在日」こそがモデル・マイノリティーとして機能している。

金正恩氏が仮にそういった共同体への帰属意識から自分の兄を殺害したのだとしたら、自らの正統性を示す行為だったとしたら……。彼はどのような気持ちで北朝鮮のリーダーとして君臨しているのだろうか。私は金正恩氏の行為を正統化するわけではない。むしろ、この事件の中で隠されている問題とはいったい何だろうと考えてみると、日本と韓国と北朝鮮の中で共通している共同体の問題が浮かび上がってくる。

2017・02・27

言葉を越える

留学に行ったことがある人たちは必ず、留学の準備についての相談を受ける。

留学前にビザはどこで取ればいいのか、現地の大学のカリキュラムはどうなっているのか、日常生活はどうやって過ごせばいいのかなどである。留学生活に関する話でいちばん聞かれるのは「言語」のことだ。現地で話される言葉と教室で学ぶ言葉はまったく違う。当然、留学準備中の人は不安になる。

そんなときに私はあることを話す。

私は父の親戚は人数が多過ぎる上に、関係も複雑だ。祖母の葬式のときに私は父からある人を紹介された。「この人はな、お前のおばあちゃんがいるだろ、おばあちゃんのお父さんの二番目の奥さんから生まれた二番目の弟の三番目の子どもで、小さい頃、よく一緒に銭湯に行ったんだぞ」。

　私はいまだに私の曾祖父の二番目の妻との間に生まれた二番目の弟の三番目の子どもを日本語ではもちろん、韓国語でもどう言うのかわからない。

　私もよく知らない親戚相関図の中の一人にこんな女性がいた。彼女は父方の祖母の遠縁の親戚（ここに改めて具体的に関係を書こうと思ったが、あまりにも複雑すぎるのでやめた）で、韓国語しかしゃべれなかった。とあるコリアンタウン（もちろん、当時はそんなお洒落な名前ではなくて、「朝鮮部落」とか、内々では「済州島人部落」と呼んでいた）で生活していた。

　当時の朝鮮部落では日本語がしゃべれなくても何不自由なく生活できたそうだ。そこには韓国語をしゃべれる人たちがいるので、その人たちの商店に行けば買い物はもちろんのこと、髪の毛も切れるし、電気工事だってどうにかなってしまう。その範囲内で生活が出来てしまうのだ。この部落の中にさえいれば、生活ができてしまうのだ。

　だが、部落の外に出てしまえば日本語の世界だ。日本語で会話しなくてはいけない。私にも経験があるが、言語がしゃべれなくて何が不自由かと言えば交通に困るのだ。しゃべれないとタクシーは使えないし、文字が読めなければバスや電車にも乗れない。

　にも関わらず、彼女は「ここに行きたいです」という日本語すらしゃべれないのに、目的地へ移動することができたそうだ。

どうやら、これは私の母方の祖父も同じだったらしい。祖父は文字を読むことができなかった。だけれども、電車やバスには乗れていた。こんな話を両親から聞きながら、私は今まで「この世代の人たちは凄いなあ」と思っていた。だが、こんな私もある経験をすることになった。

実は私は韓国語が一切できないまま韓国へ留学した。最初の挨拶もへたくそな英語で何とか済ませ、どうにかこうにか生活していた。そこで苦労したのはどう交通機関を使うかだった。

私がいた釜山は韓国の中でも大きな都市だったのも使わなければ生活できない。最初のうちはためらっていたが、行き先を間違えたり、とんでもないところに行ったりしながら、バスの言葉も理解できるようになってきた。気づけば韓国国内を自由自在に移動できるようになっていたのだ。

私は常日頃から思うのだけれども、言葉を越える「何か」を人は持っているのだと思う。その「何か」は彼らからこの私にも確実に継承されていたようだ。そして、皮肉なことにそれを私は「祖国」であるはずの韓国で経験した。

私は留学を控えている人にはこう話す。

「危険かもしれないけれども、とりあえず交通機関だけは身体で憶えろよ」

死者を生かす言葉

2017・03・03

三月一日。この日は一九一九年三月一日に発生した三・一独立運動を記念して、韓国ではさまざまな行事が行われ、九八年前にどのようなことがあったのかをじっくりと向き合う日となっている。

そして、三月一日は私の母方の祖母が亡くなった日でもある。祖母は一九六〇年代に日本に来るまで、日本の植民地支配、朝鮮戦争、李承晩による独裁、四・一九学生革命、五・一八軍事クーデターまで韓国の歴史をずっと体験してきた人だった。

祖母がまだ生きていた頃、私は彼女からさまざまな昔話を聞いて育った。どの話も普通の韓国史の本にはない血の通った昔話で、私誰かに韓国近現代史の話をするとき、祖母から伝え聞いた話を織り交ぜて話す。韓国史の概要を知りたいのであれば本を読めばいいが、そんな本にすら載っていない話をすることによって、歴史が持っていた熱風を感じてほしいからだ。

韓国が植民地だった頃を体験している人は確実に少なくなっている。仮に生きていたとしても、もう九〇代になるだろうか。

かつて、日本では、韓国へ行っても日本語でコミュニケーションが取れてしまうと言われていたが、そのような時代はとっくに過ぎ去ってしまい、今の韓国の人々はほとんどが、大韓民国建国以降の生まれになっている。それは日本語が通じる世代がいなくなったのと同時に、私たちが歴史として学んだ出来事を血の通った出来事として知っている人たちが徐々にいなくなりつつあるということでもある。

当事者ではない私たちは、大きな物語の「歴史」を学ぶ機会が多くなってしまい、小さな尊い物語があったことを忘れがちになる。

私は「死」という概念に二つの段階が存在すると思っている。

一つ目の段階は肉体としての死、二つ目の段階は人々の記憶から忘却されてしまうこととしての死だ。

肉体としての死を迎えてしまうのは人間が生き物であるかぎり、しょうがないことだと思っている。

だが、忘却という死には何とかして抗っていきたい。

私が家族の話をすると、アイデンティティで悩んでいるのではないかと思われることがある。だが、私がしたいことは、そんな歴史の狭間で命を落とした人々の記憶を伝えていきたいということだけだ。

私の祖母は日本の植民地時代に亡くなった人や朝鮮戦争で亡くなった人々など、さまざまな人々の顔を思い浮かべながら、小さかった私に昔話をしていたと思う。そして、今。私はあのとき昔話をしていた祖母の顔を思い浮かべながら、祖母から伝え聞いた話をしている。こうやって、私がブログで書くことも、とても大事な語り継ぎだ。私は歴史の狭間で消えていった人々や亡くなった祖母をネットの世界で伝えることによって、会ったことのない人の中にも彼・彼女たちを生かしたいと思いながら、キーボードを打っている。

2017・03・12

今、震災と向き合う

二〇一一年三月十一日、私は一〇日前に亡くなった祖母のことを想いながら、これから始まる大学生活の準備をしていた。そんなときにすべてをひっくり返すような大地震がやってきた。

正直、3・11のことについては断片的にしか記憶がない。被災地から遠く離れた私が住んでいる場所でも酷い揺れがあったこと、両親と共に灯油や米、水を買いに行ったこと、テレビ画面の向こうで津波が無常にも人や建物を飲みこみ、背広を着ていた大人たちが作業着に着替え、不眠不休で対応にあたっていたこと、パソコン画面の向こうではこれでもかというくらいにさまざまな情報が濁流のように流れていたこと……。

こんな記憶の断片を今の私は震災の記憶として話す。

あの震災から六年経った今、あのときを思い出すと、体験したことのない大災害の前で、多くの人がもがき、訳のわからない状況になっていたように思う。

あのとき、大学入学の準備をしていた私は社会人になってしまった。時の流れを感じるのと同時に、次第に震災から遠くなっていることを感じる。あれ以降、さまざまなことが日本や世界で起きたが、その直後に比べて、私の周りで震災を語る場面は圧倒的に少なくなってしまった。

その代わりに震災を語ると「東北」だけが当事者であるかのようになってしまった。東北地方で震災の被害にあった当事者たちの今を追った記事や番組が作られ、震災からしばらくして作られた応援ソングが流される。その歌を聞いていると、まるで震災のとき、多くの人が一致団結していたかのような別の記憶が刷りこまれる。

こういった現象が起こるのは、あの歌と裏腹に、さまざまな情報の津波に飲みこまれ、混乱し右往左往していた私たちを忘れたいだけかもしれない。

今、やることは東北に想いを向けると同時に、あのときをもう一度振り返り、「当事者」として語っていくことだ。甚大な被害を受けた人々は未だにその被害の前でぐるぐる回っている。しかし、私たちは違う。あの瞬間を別の視点で見ていたからだ。

福島での講演で「この国には抵抗の文化がない」とノーベル文学賞を受賞したジャーナ

リスト、スヴェトラーナ・アレクシエーヴィッチ氏が言った。この発言は批判を浴びたが、被災地から遠くで見ていた私にとって共感できる言葉だった。私が六年間見つづけたのはあのときを忘れようとして、震災を誰かに押し付ける姿だけだった。

私の周りも震災から何かが変わってしまった。こうやって書くことはもう一度震災のときの私と向き合う貴重な時間なのかもしれない。

キンパの季節に

2017/04/03

2017/06/30

2017・04・03

四月三日

今日は四月三日だ。

日本では今年、年度始めの日となったが、韓国では済州島四・三事件が起きた日として記憶されている。

六九年前の四月三日、済州島で島民たちが朝鮮半島南部だけの国会議員総選挙に反対し、一斉蜂起した。韓国政府は済州島に多くの警察や軍人、反共主義者たちで構成されている自警団を送りこみ、島民たちを虐殺。完全に鎮圧された一九五四年まで六万人の島民が命を失った。

私の父方の祖父母は済州島の出身だった。

どちらもこの事件が起きる前に日本に移住したようだが親戚たちは済州島にいたよう

だ。特に父方の祖母は済州島の中で、最も裕福な家の出身で、数多くの兄弟姉妹がいたということを聞いている。だが、祖母の同腹の兄弟姉妹の中で長生きした人間というのは祖母たったい一人だけだった。

まだ、父方の祖母が存命だった頃、祖母の兄弟姉妹はなんでそんなに早くに亡くなったのかと尋ねたことがあった。そのとき、祖母は「皆、戦争で死んじゃったんだよね」と寂しそうに語っていた。

後になって父から聞いたことだが、祖母は自ら、過去のことを語る人ではなかったようだ。何かを聞いたとしても「あのときは苦労したんだよね」ということしか言わない。私にとってはなんだか不思議な祖母だった。

そんな父方の祖母とは対称的に、母方の祖母は昔話をよくしてくれた。

母方の祖母もかなり裕福な家の出身だった。ソウルの中心街の生まれで、日本にやって来るまで、ずっとそこで生活をしており、さまざまな人とも交流を持っていたようだ。

母方の祖母が亡くなるまでの一年間は私たちの家族と同居していたので、祖母がソウルの中心街で見てきた植民地の頃から五・一六軍事クーデターまでのさまざまなことを、私は伝え聞くことができた。母方の祖母は生粋の反共主義者だった。朝鮮戦争の際に著名な宣教師だった祖母の姉の夫が拉北されたことをきっかけに反共主義者になってしまったという。

そんな祖母がどういうわけだかわからないが、ある日、こんなことを私に言ってきた。

「詩恩ちゃんのお父さんは済州島出身だろ。いいかい。あまりいろんな人に済州島出身だということは言わないほうがいいよ。あの島は朝鮮動乱（祖母は朝鮮戦争をこう呼んでいた）の前にパルゲンイ（共産主義者）たちと一緒に国を裏切ったんだからね。あんまり言ってしまうとどう思われるかわからないし、お父さんも傷つくから黙っておくんだよ」

私はこの言葉を聞きながら、なんだか複雑な気持ちになったのを憶えているが、父の悪口を言いたかったわけではないことは祖母の名誉のために言っておく。

済州島四・三事件は長い間、共産主義者による韓国政府への反乱だとされてきた。だが、近年になって、韓国政府は犠牲者や島民たちに謝罪し、あのとき蜂起した島民たちの名誉回復をしようとしている。

あの時代を済州島の側で生きたからこそ、何も語らなかった父方の祖母と朝鮮半島の真ん中で生きていたからこそ、時代の流れを見続けていた母方の祖母の間には見えない壁があったことを今になってから気づく。

私にとって不思議だった父方の祖母は国家の裏切り者という汚名から自分自身の身を守るためにずっと黙っていたのかもしれない。もし、今、父方の祖母が生きていたら何を私に語るのだろうか。

2017・05・19

ボールが描く虹色の夢

先日、浦和レッズが6対1でアルビレックス新潟に勝ったらしい。久しぶりの大勝と首位にレッズファンは喜んだ。しかし、私はその試合を快く観ることができなかった。地元のクラブチームとして前節不名誉なことがあったからだ。

五月四日の鹿島アントラーズ戦で、レッズのディフェンダー、森脇良太選手が鹿島のレオ・シルバ選手に対して、「臭い」と発言し、選手同士でもみ合いになった。結果、森脇選手が二試合出場停止になり、その事件は「終結」した。

森脇選手が「元気」なキャラだということはよく知っている。そのキャラが時にチームを元気づけ、時にチームを危機に陥れることもある。ファンとして言えばこういうことはいつかあるのではないかと思っていた反面、ピッチの上で人種差別と捉えられる行為をしたことはショックだった。

　私が住む街にはあらゆる人たちがいた。教室に行けば、私のような在日コリアンの子も日系ブラジル人の子も、残留孤児帰還者の子も、新しく日本に渡ってきた中国人もクラスメイトとして一緒に過ごしていた。その教室の中では部落差別に関する教育もされてきた。あらゆる人が住んでいる以外にも、私の住む街にはある特徴があった。それは野球よりもサッカーの話で盛り上がること。そりゃあ当然だ。なにせ同じ街に二つのサッカークラブチームがあるのだから。毎週試合が終わった後に、それぞれのサポーターは酒場で時に素晴らしいプレーを肴に酒を飲み、時に情けないプレーへの怒りをぶちまけていた。

　困るのは我が街のこの二つのチームが対決するときだ。お互いのホームタウンまで電車で一〇分ぐらいなので、それぞれの駅が殺気立ち始める。試合になればここでは書けないようなヤジが飛び交う。サポーターたちが溜まっている酒場はいつにも増して熱気が上がる。どっちが勝ったかということはサポーターたちの顔を見れば一目瞭然だ。

　そんな街の名物風景を私は幼いときからずっと見てきた。そのせいだろうか、私はいつの間にかサッカー好きになっていた。今では、日本代表の試合はもちろん、時間があれば、Ｊリーグの試合も、イングランドのプレミアリーグの試合も観るようになった。去年の冬は高校時代の友人と一緒にＪ１の優勝決定戦を観にスタジアムまで足を運んだ。喜び勇んで埼玉スタジアムに向かったものの、結局は「レッズらしい」負け方をして、肩を落として帰った。

私にとって、あの二つのチームはこの街の象徴だと思っている。この二つのチームは外国人選手の活躍によって強くなってきた。そして、このチームを支えていたサポーターたちもいろいろな出自を持つ人間たちが支えてきた。

森脇にとってはもしかしたら、勢いで言ってしまっただけかもしれない。だが、なんだか彼にこの街のことを否定されてしまったような気がしたのだ。

悲しいことにこういった事件は今回が初めてではない。「JAPANESE ONLY」という横断幕を一部のサポーターがスタンドのゲート入口に掲げたことがある。このことは論争になり、サポーターとチームには重い処分が下された。

私がこの街の一員としてできることはこれらをなかったことにしないこと、そして、この出来事を書くことだと思っている。もう二度とこんなことでサッカーを汚しちゃいけない。

森脇はもうじき帰ってくる。そんな彼をこの街の一員である私はどうやって迎えればいいのだろうか。

2017・05・20

Tシャツを脱がせたのは誰だろう

私が在籍していた高校はとても校則が厳しかった。頭髪検査はもちろんのこと、爪の長さや、男子は腰パン、女子はスカートを短くしていないかを見られていた。なぜ、あんなに生徒を拘束していたのだろう。別にグれるような生徒はいなかったし、それぞれの個人にそれなりにモラルがあったと思う。文句を言いながらも渋々、そんな変なルールを受け容れていた。学校の校則は今、考えてみれば奇妙なものが多い。たとえば「髪の毛を染めるな」とか、「異性交際禁止」とか、数えていけばキリがない。「高校生の癖にお洒落はするな」「高校生の癖に色づくな」ということか。

今日は参議院七〇周年記念特別参観に行ってきた。以前からかつて貴族院だった参議院の議場を見てみたかったからだ。小学校の社会科見学では衆議院のみの見学だったので、参議院に行くのは初めてだ。参議院には帝国議会時代の貴重な部屋が残されている。私はその部屋をじかに見られることが前日から楽しみで落ち着かなかった。

そんな大人の社会科見学当日はとても暑かった。五月下旬であるにも関わらず、真夏みたいに暑い。こんなとき私は大好きなTシャツとジーパンを身に付ける。

私はTシャツを集めるのが大好きだ。漫画「ワンピース」やディズニーのキャラTや、バンドTシャツ、ちょっと主張のあるTシャツまで持っている。これで夏はだいたい乗り切れてしまう。

今回の大人の社会科見学では特別、何も考えずにビートルズのTシャツを着て、替えのTシャツをバックの中に入れていた。こんな天気のときは汗をかいてしまい、着ているTシャツがびしょびしょになってしまうからだ。

今日も結局、国会議事堂前駅のトイレで黒いTシャツに着替えた。そして、トイレの鏡の前に立った途端にふと気づいた。なんと、そのTシャツの胸にはオレンジ色で「NO WAR!」と書いてあるではないか。でも、大丈夫だろうと思って、私はそのまま参議院に向かった。

しかし、参議院の前にまで行ったときに、職員さんに止められてしまったのだ！　その職員曰く「主張がある服装での入場はお断りしています」とのこと。一気に高校時代に戻ったような気がした。「この感じ、懐かしいなあ」と思い、「NO　WAR！」のTシャツを、再びビートルズのTシャツに着替えた。それで無事にOKをもらい、国民の代表機関である国会に入ることができたのだった。まあ、ビートルズも愛と平和を歌ったんだから十分主張はあるんだけどね（笑）。

参議院の建物に入って、職員さんの言う「主張がある」っていうのはいったい何だろうとひたすら考えていた。

日本の学校に通っていると、嫌でも社会科の時間に日本国憲法の三大原則を学ぶ。「国民主権」、「平和主義」、「基本的人権の尊重」。この三つの原則で私たちの自由な生活が保障されている。日本国憲法の三大原則の中で特に特徴的なのは「平和主義」の条項、つまり憲法九条だろう。ここで改めて、憲法九条とはどんな条項なのかということを確認してみると、こんなことが書いてある。

第二章　戦争の放棄

第九条第1項　日本国民は、正義と秩序を基調とする国際平和を誠実に希求し、国権の発動たる戦争と、武力による威嚇又は武力の行使は、国際紛争を解決する手段としては、永久にこれを放棄する。

第2項　前項の目的を達するため、陸海空軍その他の戦力は、これを保持しない。国の交戦権は、これを認めない。

おいおい！　これってつまりは「NO　WAR！」じゃないか！　私のTシャツはまったくもって当たり前のことを語っていたのだ。憲法の原則を書いたTシャツを着ていただけで、「国民の代表機関」「国権の最高機関」に入れないなら、どんなに「中立」な主張も、国会は受け容れてくれないだろう。

念のために言っておくが、私を止めた職員さんに何か思っているということではない。むしろ、その職員さんも職務を遂行するために、お偉いさんからの命令でやっていただけだ。土日で、しかもこんな暑い中、私みたいな面倒臭い人間を注意するのだから、本当に「ご苦労様」と心の底から言いたくなる。

そんな職員さんよりも、憲法に書かれた当たり前のことを「主張」だと言ってしまうお偉いさんのほうが遥かに問題だ。高校の校則よろしくまさか「国民の癖にモノを言うな！」とでも言いたいのだろうか。

先日、「共謀罪」を定めた刑法改正案が衆議院の委員会を通過して、今、本会議審議に入ろうとしている。さまざまなところで「共謀罪」の危険性を主張している人たちが多い。しかし、もしかしたら、共謀罪があるような日常にもう入っているのかもしれないと思うと、参議院の議場をただ見学するだけではいけないと感じるのだった。

2017・05・23

天皇の言葉を借りて「民主主義」を語る

先日、毎日新聞であることが報道された。その報道とは天皇が退位を巡る有識者会議である参加者の発言に対して、天皇が不快感を示したということだった。その有識者の発言とは天皇は祭祀さえすればいいという発言だったらしい。確かに長年、さまざまなところを行幸し、戦後、残されたことを総決算しようとした天皇の方針とは違った考え方だったかもしれない。

こうやって天皇の意見が新聞上に出てくるのはとても珍しい。基本的に天皇が何かのイシューに対して、意見を示すことはなく、むしろ避けられる傾向にある。天皇の言葉は権力によって用いられるからだ。実際に、かつて、防衛庁長官が内奏で天皇が話した言葉を公にしてしまい、それがきっかけで辞任に追いこまれた事件もあった。そのくらい天皇の言葉は重大なものとして扱われていたのだ。

驚くことに天皇の退位の意向を安倍政権への抵抗だと言ってしまう人たちが多い。確かに安倍政権が戦後民主主義体制を破壊しかねない、かなり危険な政権であることは間違いないだろう。私も安倍政権には反対だ。だが、本当かどうかわからない宮中の天皇の意見を自分たちの政治的な意見の正統性として用いるのには違和感を感じる。

大日本帝国憲法では国民に主権はなく、あくまでも天皇に主権があるとされていた。そして、政治的な決定は天皇の言葉を通して行われていたが、その結果、その言葉が政治的闘争のために用いられ、非人道的な行為が行われた。

私は植民地で育った祖母から天皇の恐ろしさをよく聞いていた。正確に言えば、天皇の名の下に何をやってもいいという恐ろしさとでも言えばいいだろうか。植民地の人々にとっても天皇の言葉は絶対だった。そんな言葉に逆らえば命はない。

かつては植民地の人々が皇居に向かって挨拶をするきまりや、天皇の祖先を祀る神社にお参りしなくてはいけないような決まりもあった。クリスチャンだった祖母にとってこの儀式は屈辱的だったと聞いている。

そんな日常を伝え聞いていたときは、「昔はそうだったんだろうなあ」ぐらいの認識だったが、今ではまったく違う。「うわあ。あのとき聞いていたことそのまんまじゃん…

……」と思う日々だ。

植民地の子孫として生きて、日本国籍を取得した私にとって、天皇の言葉よりも日本国憲法の理念が大事だ。もしかしたら、これは絵空事に聞こえるかもしれないが、日本国憲法の理念によって、私は生きていると思っている。けっして天皇の言葉なんかではない。

教室で教えられることや歴史の本を思い返してみれば、一九四五年を境に戦前／戦後で区分されている。だが、天皇の言葉を用いて、自分の主張をしている人々を見ていると、戦前／戦後なんてないんだと感じてしまう。かつてよりも酷いかもしれない。「臣民」であった人々から諸権利を戦後の体制によって奪ったうえに、差別する現状を是認した。同胞だと言いながら、憲法の理念を信じて復帰した人々に日本のためのセコムを押し付けて、反対すれば「土人」と吐き捨てる。戦前／戦後の間にあるスラッシュのまやかしは今に始まったことではなかったのだ。

いつになったら、見えない植民地を生きる私は自分の口で語ることができるのだろう。つい最近、とある会社の重役が、憲法なんて紙切れにしか過ぎないとＳＮＳに書きこみ、謝罪することになった。彼の言うことは皮肉なことに間違っていなかった。天皇の言葉を使って、政権に反対するなんて憲法の理念から反している人々がいるからだ。

この国の憲法の国民主権という大事な原則を生かすも殺すも自分たちの意思次第だ。

2017・06・05

『セデック・バレ』と蓮舫さんと私と

『セデック・バレ』という映画がある。日本の台湾統治時代に台湾の原住民であるセデック族が起こした霧社事件をテーマにしており、二部構成、計四時間というとても長い映画だ。だが、不思議なことにこの四時間という時間を感じさせないくらいにとても面白く、私は何回も観てしまう。

この映画には花岡一郎、花岡次郎という二人の登場人物が出てくる。彼らはセデック族だが、頭がいいということで他のセデック族よりも良い教育を受け、街の巡査として働いている。本来、支配される立場の人間が、当局に利用されているのだ。劇中でこの二人は日本とセデック族の板挟みとして苦しみながらも、最終的にセデック族の反乱に協力し、死んでいく。

この二人を見ながら、私は思わず自分自身を重ね合わせてしまった。二つの共同体の板挟みになる辛さというのは痛いほどわかるし、霧社事件から九〇年近く経った今でも、帰化をした人々は「日本人らしさ」を求められる。現に自分がかつて所属していた共同体をけなして、「日本人らしさ」を強調する人だっている。私は帰化したのにも関わらず、自分を「日本籍の在日コリアン」と言う。せっかくの自分の人生だからどこかのマネキンでいるようなことは嫌なのだ。

ずっと、この気持ちは私にしかわからないと思っていたけれども、最近になって『セデック・バレ』の花岡一郎と花岡次郎に共感できる人は他にもいると感じることがあった。民進党の代表選挙のとき、蓮舫議員の「二重国籍」疑惑が持ち上がった。中華民国から日本籍に帰化したはずの蓮舫議員が、中華民国籍を離脱していなかったのではないかという疑惑だ。どう考えてもこの問題を提起した人々は悪質極まりないが、これをきっかけに蓮舫議員は叩かれることになった。

私個人として何とも言えない気分になったのは、「私は生まれながらの日本人です」とフェイスブックで蓮舫議員が釈明したことだった。帰化したことは悪いことではないし、彼女自身のルーツにも問題なんてない。だけれども、このような言いがかりがあらぬ方向から来てしまって、彼女はこう答えるしかなかったのだろう。

私の周りで蓮舫議員の評判はよくない。「高飛車だ」とか「偉そうだ」とか言われて、彼女が何を言っても否定されてしまう。でも、この私からすれば蓮舫さんは必死になっているようにしか見えない。誰よりも必死に取り組もうとするし、誰よりも真面目になろうとしている。彼女の険しい顔と強い言葉は象徴的だ。

たぶん彼女は「良き日本人」になりたいのだろう。この私にもそんな気持ちがどこかにある。でも、そんなことをしても結局は、二重国籍疑惑のときのように結局は「帰化人だから」と片づけられてしまうようなことが現実だ。

最近になって、アメリカ国籍を持っていた自民党小野田紀美議員が、それを手放した報告をしたと共に、中華民国の国籍離脱を証明していない蓮舫議員を叩いていた。国籍を離脱したことによって「良き日本人」競争に勝ったと思っている小野田議員が蓮舫議員にガッツポーズをしているように見える。とても悲しいポーズだ。「良い日本人にならなければいけない」という競争を彼女もさせられているのだから。彼女たちにそんな競争をさせているのはいったいどこのどいつなのだろう。

私は「良き日本人」競争を強いられている蓮舫議員を見ながら、彼女のような「帰化者」を認めたくないという人々が多いことを知る。もしかしたら、世間からは蓮舫議員も私も花岡一郎と花岡次郎のような存在として思われているのだろうか。「良き日本人」として振る舞うことを求められるだけの存在だとしたら、どうやって声を出せばいいのかと考えてしまう。

そんな現実を知ったときに、私も蓮舫議員のように険しい表情になってしまった。この国が本当に良い国になれば、私と蓮舫議員の険しい表情が和らいでいくにちがいない。

2017・06・07

歴史が色を持つとき

雑誌「アエラ」の記者のツイッターが炎上していた。最近、零戦が東京上空を飛んだというニュースに対して、零戦の「美しさ」や「雄姿」を称賛するのではなくて、零戦に平和を奪われた人たちについて知ることが重要であるというコメントが反発を呼んだらしい。歴史の見方を誰かにとやかく言われたくないということからなのだろうか。

私は歴史が好きだ。小さい頃は日本の中世史が好きで、成長するにつれ、世界史やアジアの歴史まで好きになっていた。歴史の本を読んでいるとあることに気づく。一般的に歴史の本というのは政治の出来事を中心とした「大きな」視点で書かれることが多い。そんな視点で書いてあると大きな戦争でもしれっと犠牲者の数を書いてしまうのだ。そして、そんな数字を「凄いですよね！」と若干興奮気味に仲間へ言う私もいた。

そんな歴史好きの私にある日、歴史に直面する出来事が起きた。

私は韓国留学中に父方の祖父母の出身地である済州島に行った。それは父も会ったことがないという父の腹違いの兄に会うためだった。私が持っていたのは何十年も前に書かれた親族関係の住所録のみ。本当にその済州島の伯父に会えるか心配になったが、なんとか彼の住んでいる場所にまでたどり着き、会うことが出来た。韓国語も片言で、突然やってきた甥っ子の私を彼は温かく迎えてくれた。

日本に帰ってきてから親族、済州島に住む伯父が元気だということを報告した。そのとき済州島の伯父がベトナム戦争に従軍して、精神を病んで済州島に帰ってきたことを聞かされた。私の初めて知る事実だった。

今までベトナム戦争というのは教科書の中の出来事だった。大学の授業やドキュメンタリー映画、本などでベトナム戦争のことは知ってはいたが、その伯父がベトナム戦争に従軍していたことを知ると一変して、他人事だった歴史がまた別のものなった。

もしかしたら、私が知っていたのはあくまでも文字や数字だけの「大きな」視点での歴史であって、実はその文字や数字に込められている命にまつわる「小さな」視点の歴史ではなかったのかもしれない。

人は自分の身に振りかからなかった起こされた出来事を対岸の火事として見てしまう癖

がある。テレビニュースがいい例かもしれない。ニュースキャスターは「痛ましい事件ですね」ということを言いながら次のニュースを報じてしまうし、観ている側もそうすることをどこかで望んでいる。本来、私たち自身の問題として考えなければいけない問題がいつの間にやら、「私」とは切り離して語られる。

小学校から高校までの歴史の授業を思い浮かべてみると、年号や出来事の暗記が多かった。だが、どうしても文字ばかり、もしくは数字ばかりを見てしまうと、そこで死んでしまった人たちやそこに生活していた人たちのことがどこか他人事になってしまう。史資料や数字にしれっと書かれている個人の歴史や生活に思いをはせてみたりしてもいいんじゃないかと思う。そんな瞬間に不思議とまた別の視点が生まれてくる。

そんな歴史の見方が新しい何かを作ってくれるのかもしれない。過去を振り返るということを私たちはただしているだけではなくて、今、私たちに何が必要なのかを教えてくれたりもするのだ。歴史の楽しみ方は人それぞれあるし、愛着があればあるほど、そんな楽しみ方を誰かにとやかく言われたくないかもしれない。モノトーンな「大きな」視点から、出来事の幕間にあった小さいがカラフルな個人の物語に目を移してみると、また違った見え方になるのではないか。

歴史が色を持った瞬間に初めて、歴史と出会ったと言えるのではないのかと思う。

2017・06・12

「文化」が作られる場所

先日、とある新聞記事を読んだ。どういう新聞記事だったか、詳しくここで書くことはしないが、とあるマイノリティーの当事者が「文化はマーケットによって生まれる」という発言をした新聞記事だった。マーケットということは資本主義の理論の中で文化が生まれたということか。確かにマーケットの中で文化は支えられていることは間違いない。しかし、そんなことは本当なのか。

私は『カミングアウト・レターズ』という本が好きだ。ＬＧＢＴの当事者たちが親や教師に自分の性的指向をカミングアウトした往復書簡を集めた本なのだが、この本にはとても不思議な熱がある。

この本の魅力を挙げるとするととてつもなくたどたどしく、そして、各個人が文章を書きながらさまざまな気持ちの中で揺れているということだ。自分の性的指向を親に言うというのはとても難しいことだと思う。私のようなエスニック・マイノリティーは家族という血の繋がった共同体に依存しがちだが、セクシャル・マイノリティーはまず第一歩として「親」に何かを話すということから始まる。言わば、独りの状況から言葉を吐き出すことを始めるのだ。そんな状況から言葉を作り出すのはなかなか難しい。

私はそんな「たどたどしさ」や「揺れている」文章を読みながら、不思議なことに勇気をもらう。まったく違うマイノリティーという立場だけれども、そんな違うマイノリティーだからこそ、この本の中にある熱の言葉に救われる。

私と同じくこうして言葉を紡いで必死で生きている人たちがいたんだと。

ブログという趣味の環境の中ででもこうやって文章を書いていると他の人の熱のある言葉は励みになっていくし、ひとりではないと感じることがある。そんな本に出会えたのはとても幸せなことかもしれない。

学生時代、私は政治学と共に文化人類学を学んできた。文化人類学の恩師がずっと私に言い続けていたことがある。それは「文化とは切実なものを持っている人が作り出すもの」という言葉だった。思えば、確かにその通りだ。私が勇気をもらう言葉を吐き出す人たちは何か切実さを持っている。ゾラ・ニール＝ハーストンやアリス・ウォーカーやトニ・モリスンはアメリカの厳しい二重の差別の中で生きてきたからこそ、そんな人たちの言葉が私を奮い立たせてくれている。きっと彼女たちは自分たちの切実な問題をどうしても外に出していきたいということで書き続けたのかもしれない。そして、そんな姿がかっこよく見えてくる。何かを表現しようとしているとどうしても賛成の言葉ばかりじゃなくて、反対の言葉だってある。そんな中でも凛と生きている姿がまたいい。そんな姿に私も勇気づけられる。

そんな凛と生きている姿は当然、『カミングアウト・レターズ』の中に収録されている親や教師に対して一生懸命、自分の言葉で書き続けた当事者たちの姿でもある。自分の切実な問題を一番理解してくれて、理解してくれない相手に言う姿は何よりもかっこいい。そして、そんな人たちから出て来る言葉は私だけではなくて、他の人たちも勇気づけたと思っている。

もしかしたら、文化というのは社会から言葉を奪われた人たちが社会と繋がりたいと願いながら、切実な問題をたどたどしくも、必死に外に叫びたいという気持ちで作っていったのではないか。文化とは熱のある言葉のことなのだ。その熱のある言葉はけっしてマーケットの理論の中では作ることはできない、当事者たちの切実な言葉にならない感情の中で作り出されるものなのだと思う。

2017・06・15

「憲法」が「拳法」になるとき

私たちは小学校の社会科の授業から高校の政治経済の授業まで「憲法」を学ぶ。

私が記憶する小学校から高校までの憲法の授業は日本国憲法の基本的原則を憶え、さらに基本的原則が書かれてある条文を暗唱することだった。教育指導要領にそのようにするようにと書いてあるかは知らないが、子供ながらに「こんなことをやって何の意味があるんだよ」と思っていた。難しい言葉ばかりだし、何より「キレイゴト」ばかりが書かれているではないか。では、なぜそんな「キレイゴト」が憲法には書いてあるのか。

近年、韓国では『弁護人』という映画が注目された。この映画は盧武鉉元大統領の弁護士時代に起きた『釜林事件』をテーマにしたもので、国家保安法による冤罪で捕まってしまった行きつけのテジクッパ屋の息子を助けるために、弁護士のソン・ウソクが奔走する映画だ。
この映画ではテジクッパ屋の息子を捕まえた当局の人間に対し、法廷でウソクが大韓民国憲法第一条を諳んじるシーンがある。
ちなみに大韓民国憲法第一条とは次のような条文になっている。

第一条

大韓民国は民主共和国である。

大韓民国の主権は国民にあり、すべての権力は国民より由来する。

映画の舞台になっている時代、韓国はまだ軍事独裁政権が健在で、自由や民主主義なんていうものからは程遠いものだった。そんな韓国の国民は何十年も地道に活動し、やがて、自由や民主主義を手に入れた。そのとき人々が、抵抗の拠り所にしたのは大韓民国憲法第一条の条文だった。そして、去年の一〇月、朴槿恵大統領の退陣要求デモのときに、人々が拠り所にしたのも、この大韓民国憲法第一条だった。
「憲法」をただの「キレイゴト」として考える人たちがいるかもしれない。それは一面においては事実だ。しかし、時には人々の権利を奪う為政者への有効な武器にもなっていく。アメリカにおいて公然と黒人差別があった時代、キング牧師は常に合衆国憲法の理念に従うことを政府に求め続けた。それは憲法に書いてある「キレイゴト」を頑なにまで信じたからだった。自分たちの生きにくい世の中をどのようにしていくのか。そんなときに希望の光になったのは憲法という「キレイゴト」だった。

為政者によって生きにくい日々を送っている人々にとって、「憲法」は為政者を殴るための「拳法」として機能する。だが、そんな機能を忘れてしまった瞬間に「憲法」はただの「キレイゴト」に戻ってしまうのかもしれない。もしも、タイムスリップができたとしたら、「こんなことをやって何の意味があるんだよ……」と腐れていた私にこんな言葉を掛けたいと思う。

「拳法を憶えるのはとても大切なことだぜ」

2017・06・19

君たちはキムチを食べたことがあるか

諸君、私はキムチが大好きだ。
カクテギが好きだ。
チョンガクキムチが好きだ。
白キムチが好きだ。
水キムチが好きだ。
ポッサムキムチが好きだ。
ねぎキムチが好きだ。
この地上にあるありとあらゆるキムチが好きだ。
だが、そんな私にも苦手なキムチがある。

日本のスーパーで市販されているキムチだ。

見た目は真っ赤なのにも関わらず、口にした瞬間、「チーズはどこへ消えた?」ばりに辛みが消え、なんだかよくわからない甘さだけが口に残る。

そんなキムチを食べたとき、「さてはキムチじゃねぇな。オメー」とひとりごち、気づいたときには皿に取り分けられたキムチを片手に、厨房へ「このキムチを作ったのは誰だ! 女将を呼べ!」と怒鳴りこむか、「私に三日ください。究極のキムチをお見せしますよ」と言って、東上野のコリアンタウンに駆けこむ。

スーパーで市販されているキムチに毒されているだろう諸君らにはっきりと言っておく(ちなみにこの言葉を私が使うときはヘルメットを被り、ゲバ棒を片手に、トラメガで叫んでいるものと思ってほしい)。この世の中で一番美味しいキムチは釜山広域市沙上区にあるハプチョンテジクッパのキムチであり、二番目に美味しいキムチはソウル特別市チョンノ三街にあるハルモニカルグクスのキムチである。

全部韓国の店じゃないかって? 韓国には行く余裕がないから日本で食べたい?

私はそんなあなたに、青少年の真剣な相談に答える北方謙三よろしくこのように言うだろう。

「日本でこのレベルと同等の美味しいキムチを食べたければ、東上野のまるきんか第一物産に行け。まるきんに行くついでにチャンジャを買っていくべきだ。毎日、浅草チャンジャカーニバルが楽しめるぞ」

だが、まるきんや第一物産に毎日行けるわけではない。スーパーのキムチをチゲや豚キムチにしてごまかしながら私は欲求不満のキムチライフ（意味深）を送っていた。

そんなある日、ひょんなことから日高市高麗川の山を登ることになった私は、山登りの帰りにＪＡのお土産売り場でとあるキムチに出会った。

高麗川は飛鳥時代あたりに、日本に渡ってきた高句麗人たちが「ここ、故郷に似てる」という理由で住み着いた土地らしい。とは言っても、どこが故郷に似ているのか、一三〇〇年後ぐらいにいろいろあって、朝鮮半島から日本にやってきた子孫の私にはまったくわからないのだが、高麗神社という古くからある神社もあり、今でも朝鮮半島との繋がりが深いみたいだ。

そんな土地のＪＡのお土産売り場にキムチがあった。

それも冷凍されて置いてあるのである。

キムチを冷凍だと！

キムチを冷凍するということはサッカーの世界でハンドをした上に、レッドカードを出した主審をグーで殴る行為だ。もしくはＡＫＢの総選挙で突然、結婚宣言をするようなものだ。つまり、奴はキムチ界のバロテッリだ。もしくはキムチ界の須藤璃々花と言ってもいいだろう。そこまでして、キムチ界の海原雄山こと私に挑む度胸は素晴らしいということで購入した。

冷凍されているということで、解凍しなければいけなかったが、高麗川から我が家までは一時間くらいある上に、暑い日だったのでとっくのとうに解凍されてある。

家に帰り、車中で解凍されたキムチを器に盛った姿を見て、小生、思わず腹キュン。だがここで油断をするべきではない。四時間近くわりとハードな山道を駆け巡ったせいで、腹が減っているだけだ。見た目はよい赤さでも、口に入れるとなんだかよくわからない原因不明の甘みが私を突如襲ってくるかもしれない。

恐る恐る口にしてみる。

これは美味い！

辛いけれども、ほんのちょっとの甘みがあり、ただ辛いだけではない！

そして、甘さが辛さを邪魔しない！

辛さと甘さが共存をしているぞ！

とうとう私は見つけた！

この喜びはサハラ砂漠のど真ん中でオアシスを見つけたときのうれしさだ！

日高市よくやったな！

高麗王若光！（どうやら最初に来た渡来人の偉い人らしい）お前が言っていた故郷に似ているという意味がよくわかったよ！

私、このキムチに出合って、初めて日本のキムチを好きになることが出来ました！

こうして私は欲求不満のキムチライフ（意味深）から卒業することが出来たのだった。

落語で「日本人にしかわからない芸能ですね」なんていうことをマクラで話す噺家がいる。こういう現象は落語だけではない。

だが、日本人ではない私は普通にオタクと言えるぐらいに落語の音源を聞き、楽しんでいる。

どうして人々が楽しむための文化に、「日本人だけ」という言葉が付くのだろう。

キムチ好きの私をうならせた高麗川のキムチは「韓国人だけ」が楽しむものなんだろうか。

「伝統文化なんだから○○人だけにしかわからないよ！」なんていう人に出会ったら、私は多分、高麗川のキムチを食べさせ、きっとこう言うだろう。

「先生、これがほんの私のキムチ（気持ち）です」

2017・06・25

これからの焼肉の話をしよう

わが家の夕食の席で焼肉が出た。焼肉と言っても、「炭火焼肉」ではなく、我が家の秘伝のもみダレで揉みこんだ肉をフライパンで焼いたものである。これがびっくりするくらいに美味しい。このタレを揉みこめば、どんな肉でも焼肉屋の気分を味わえる。もともと私の父の実家は焼肉屋を経営していたので、父はひと通りのメニューを作れる。

幸せを感じる夕食の席で、母がポツリとこんなことを呟いた。「やっぱりどんな焼肉屋さんに行っても、昔の無煙ロースターで焼いた肉が美味しいわね」

私がまだ幼い頃、焼肉を食べに行くというのは父の実家へ行くということだった。祖母が店を畳んだときぐらいからだろうか。「炭火焼肉」の店が流行りはじめた。小学校一年生ぐらいのときに、私の家の近所にはじめて「炭火焼肉」のお店ができて、家族で行った記憶がある。

そのあたりから焼肉が高級料理になっていった。

二年前、とある焼肉屋で食事をしたが、店内を見てみると高級感満載ではないか！　なんで、店員さんが、着物を着てるんだ！

メニュー表がきれいすぎる！　あの汚いメニュー表はどこへ行った！　無煙ロースターがないじゃないか！　どうやって肉を焼けばいいんだ！

たしかにちょっと高い焼肉屋に行って、嬉しいことには間違いない。だが、なんか寂しさも感じる。

こう例えればよいだろう。高校時代、男臭くて、本当にモテなかった友達が、大学に入ってから、周りからモテ始めてしまい、どこにでもいるようなイケメンになってしまった感じ。

こんな友人に会ったときの一言は、「お前、変わっちゃったんだな」。

そう。この寂しさだ。

焼肉は給料日に食べたり、法事の席で食べたりする「ハレ」の食事かもしれないが、高級なものかと言われるとちょっと違う。

これは聞いた話だが、ある一家は家の中に七輪を置き、バケツに入ったホルモンを焼いて楽しんでいたという。生焼けなのは当たり前だ。

しかし、この話を聞いて、不思議に思った。「どうやって換気をしていたのだろうか」。仮に換気に失敗して、一酸化炭素中毒になったらどうなるんだ。新聞には確実に「一家心中か。現場には七輪と食べかけの肉」なんて書かれる。命懸けすぎである。

そもそも昔の焼肉屋は「焼肉屋」とは言わなかった。「朝鮮料理屋」だ。父に尋ねてみると、かつては「焼肉」を「朝鮮焼き」とも呼んでいたようだ。

だいたいこういう焼肉屋さんは川谷拓三に似たオッサン（「おじさん」じゃダメなのだ、「オッサン」なのだ）が調理をして、お客さんの相手をこのオッサンの奥さんがやっている。オッサンの幼い息子と娘は客の隣で晩飯を食べ、宿題してるか遊んでいるか。たまに客がこの息子と娘の相手をすることもある。

こういう焼肉屋はもちろん、「炭火焼肉」の店ではない。昔懐かし無煙ロースターだ。「無煙」なのに煙がもくもく出ている。メニュー表は煙のせいなのか、脂まみれになっている。

無煙ロースターが置かれた卓の前に座って、まず頼むのはタン塩だ。そこからカルビ、ロース、ハラミ、センマイ刺し、ミノ、テッチャンの順番で頼む。この順番には意味がある。タレ物を先に頼むと無煙ロースターの鉄の網が焦げてしまうから、そうでないものを先に焼くのだ。野球の打順ばりに計算されているのである。

かつて無煙ロースターがまだ一般的だった頃、鉄の網を洗うのに苦労したという。ゴム手袋をつけて、水酸化ナトリウムの水溶液を金たわしに付けてゴシゴシ磨いていたそうだ。こういう仕事は新入りのバイトが受け持つ。

私が焼肉屋で「メインディッシュ」と呼んでいるものがある。それはハラミとホルモンだ。どちらもかつては安い肉の代名詞だった。

そもそも日本の人たちはハラミやホルモンなどの内臓肉は好まず、ロースしか食べなかった。父が若かりし頃はその傾向が顕著だったようだが、私が幼いときにはすでにカルビやホルモンがブームになっていた。そして、最近では日本でもホルモンもすっかり市民権を得て、ハラミも多くの人に食べられるようになった。

父はたまにホルモンを買いに行く。そのとき彼はかならずこう言う。「昔は二束三文だったけれども、今じゃすっかり高くなったなあ」。

ここでも、「お前、変わっちゃったんだな」である。

父はホルモンを買いに行くと、センマイも買ってくる。センマイ刺しを作るためだ。センマイ刺しを作るにはコツがある。それはセンマイ独特の匂いを残すことだ。

センマイは別名「クソ袋」と呼ばれる。たぶん匂いのせいだろう。だが、この匂いがなければ美味しくないのだ。だからこそ、塩水ではなく、真水で洗うのである。真水でセンマイを洗っているときの父を見ていると、「この人、カッコいいなあ」と息子ながらに思ってしまう。

さて、昔ながらの焼肉屋と仲良くしておくと、たまに特別なものが食べられる。そのとき店のオッサンから「おい！　あんちゃん！　ホルモン出してるか」と聞かれる。サッカーチームもびっくりのメディカル・チェックだ。このチェックを通った者は特別なメニューにありつける。ギリギリまで寝かせておいた熟成ハラミやユッケである。

ユッケは鮮度が命だ。ユッケで使う肉はロースなのだが、ロースの真芯と言われる部分を使う。この見極めには、熟練した職人の目が必要なのだ。川谷拓三似のオッサンはただのオッサンではなくて、ユッケ・マイスターであるということは語り継いでおきたい。

そう言えば、わが家では「ユッケは大人が食べるものだ」と小さい頃から教育されていた。どうしてだかは聞いていない。

さて、いろいろなところで言われていることだけれども、「焼肉」というのは韓国には存在しない。私が韓国留学から帰ってきた頃、どうしても食べたいもの三つがあった。一つはラーメン、もう一つは寿司、そして、最後の一つは焼肉だ。

韓国で美味しい肉料理はたくさん食べてきたが、どうしても、あの「焼肉」の味が懐かしくなる。

ところで今日は六月二十五日、朝鮮戦争の開戦日だ。食卓には焼肉と朝鮮戦争の話題が一緒に上っていた。なんだかいつもと違う味がした。

2017・06・28

車椅子と出会った日

小学生のときだっただろうか。学校に車椅子用のスロープが作られ、「ゆとり教育」の目玉だった「総合」の時間にバリアフリー教育が行われていた。車椅子に座ってみたり、実際に車椅子の操作をしてみたことを憶えている。小学生なので遊び半分になってしまうところもあったが、それでも、意外と真剣にやったものだ。

「ゆとり教育」は一般的には評判が悪いけれども、このバリアフリー教育に関しては後年、車椅子生活を送ることになった母方の祖母を介護するときに役立った。とはいえ、実際に障害のある人たちと授業の中で交流する機会は少なかった。確かに障害のある人たちが来て、講演会をしてくれたが、母方の祖母と同居するまで、障害のある人たちと個人的に話をすることはなかった。

そんな私に突然、ある出会いがあった。

自宅へ帰る途中、いつものように電車に乗っていた。すると車椅子に乗っていた同じ歳ぐらいの青年が「悩みを聞いてくれませんか」と言って、いろいろな人に話しかけようとしていた。人々は彼を避けようとしていた。私は興味半分で近づいて、彼の話に耳を傾けた。すると彼は饒舌に自分の悩みを語り始めた。

彼は、昼間、障害者のための就労施設で働いて、夕方になると自宅に戻るのが日課だそうだ。家族からの「自立」をアドバイスされたらしい。彼が家族とどう付き合っていいのかわからないと施設の人たちに相談したからだ。家族は障害のある彼を一生懸命ケアしていた。それが彼にとっては過保護にされているように感じるそうだ。

彼は悩んだ。施設の人たちの言うように「自立」もしたい、でも、家族の助けがないと生きていけない。

悩んでいた彼にとって、自立を示すことはメイド喫茶で遊ぶことだった。私と出会ったときもメイド喫茶からの帰り道だったらしい。彼と私は同じ駅を使っていたので、私は途中まで彼を見送った。

私は彼の「自立したい気持ち」と「家族の助けがなければ生活できない」というジレンマにどこか共感していた。ちょうど、働いていた頃で、私も「自立をしたい」と思っていた頃だった。そんなときに同じ悩みで共感できる相手を見つけて安心した。

障害を持っている人を私は今までどう考えていただろう。

障害のある人たちが頑張っているところはテレビ番組の中でも見られるけれども、どんなことで悩んで、どんなものを食べていて、どんな恋愛をしていて、どんなことを思っているのかを見られることは少ない。私は障害のある人たちを「可哀想な人たち」という枠組みでしか考えていなかったのではないか。彼は私のそんな考え方を変えてくれた。

もしかしたら彼にとって、電車の中で一生懸命、誰かに話しかけようとしていたことは「誰でもいいからとりあえず話を聞いてほしい」という切実な思いがあったからかもしれない。そういうところもまた、私が言葉を使って、ブログを書いていることと同じことだ。

彼との出会いから一年が経った。実は一つだけ後悔していることがある。それは彼と連絡先を交換することを忘れてしまったことだ。痛恨の極みである。あれ以降、彼とは電車の中で一度も一緒になっていない。

彼は今でも、元気にメイド喫茶へ通っているのだろうか。

2017・06・30

シマと島のフットボール

AFCチャンピオンズリーグ、浦和レッズ対済州ユナイテッドの試合中にあるいさかいが起きた。逆転された済州の選手がレッズのキャプテンである阿部にひじ打ちをしたり、槙野のガッツポーズに激高し、試合後も追いかけまわしたりした。試合はレッズが3対2で勝ったものの、レッズも済州もペナルティーを受け、また済州の選手には厳しい処分が下された。どうやら済州側は現在、国際スポーツ仲裁裁判所への提訴も考えているらしい。

さまざまな事件を起こしたレッズに対して済州側が少し過敏になっていた面もあっただろうが、済州の選手たちの行為は問題だったと思う。真実を明らかにしなければいけないのと同時に、必要な処分を与えるべきだ。

こういう事件が起きてしまった後にこそ、サッカーの持つ力とはなんだろうということを考えたい。

サッカーを巡っては多くの争いが起こってきた。サッカー戦争なんていうものもあったぐらいだ。だが、そんな話はしょせん対岸の火事で、ルーツである済州島と地元の浦和がその当事者になるとは到底思わなかった。だけれども、現実にはそうなってしまったのだ。身体がふたつに裂かれそうな気持ちになる。

そんなときにあることを思い出した。それはオシム監督の話だ。私はオシム監督が好きで、ずっと『オシムの言葉』を読んでいた。その本の中で一番のハイライトは、ユーゴスラビア紛争で国がバラバラになる直前、オシムがユーゴスラビア代表監督を辞めるところである。彼は辞任後、サラエボにいる家族をギリシャのチームとオーストリアのチームを率いながら、ずっと待ちつづけていた。

ユーゴスラビア出身で、日本とゆかりのあるサッカー監督は多い。そのひとりはサッカー日本代表現監督のハリルホジッチだ。彼はユーゴスラビア紛争で故郷を守るために戦って、重傷を負った。

そしてもう一人は浦和レッズのペトロヴィッチ監督だ。彼は一九八七年にオーストリアにやって来て、一九八九年にはオーストリア国籍に帰化しているが、私は彼がユーゴスラビア紛争の話をしているのを見たことがない。もしかしたら、彼の身内にはこの紛争で犠牲になった人はいないかもしれないし、語りたくないことがたくさんあるのかもしれない。だけれども、ペトロヴィッチにはどうしても民族紛争の話をしてほしいと思った。

ヘイトスピーチが公道で叫ばれるようになってきた。きっとこの浦和レッズと済州ユナイテッドの話もヘイトに利用されてしまうのではないかと危惧している。そんな社会の中で、民族紛争がどれだけ愚かなものかをペトロヴィッチには語ってほしい。

元々はユーゴスラビアなんていう国すら知らなかったけれども、サッカーを通して、ユーゴスラビア紛争を知ることができた。同じような入り口から入る人がどれだけいるかわからないけれども、そんな可能性もあるのではないか。そして、シマと島の間で戦争になりかねない事態を収めるのも、実はそんな告白からなんじゃないかと思うのだ。

私はシマと島の間でどうしようかと迷っている。こんな中途半端な立ち位置にいるからこそできることはいったい何だろう。

レッズだからできること、レッズの選手だからできること、済州だからできること、済州の選手だからできること、そしてサポーターだからできることも当然ある。

私の一番の理想はレッズと済州が再びフレンドリーマッチをすることだ。そして、争いが起きないような言葉や経験を添えたい。

参鶏湯の季節に

2017/07/08

2017/09/25

柳に今を尋ねる

2017・07・08

ある方のお誘いで新潟に行くことになった。新潟とは縁遠く、あまりイメージするものもない。だけれども、ふとひとつの事実を思い出した。それは北朝鮮への帰還事業が新潟港で行われたということだった。

私は新潟に行く前に帰還事業にゆかりのある場所を調べ、自分の脚で向かうことにした。

池袋から深夜バスに乗り四時間半近く、新潟に着いたとき、麗しい朝焼けが出迎えてくれた。私がネットで事前に見つけていたのは「祖国往来記念館」という建物、「ボトナム通り」という通り、その由来を知らせる看板、そして帰還事業の記念碑だった。

私はバスから降りて、その建物と看板と記念碑に向かって歩き出した。歩いていると新潟市には歴史を伝える看板や記念碑が数多くあることに気づく。歴史好きな私は看板や記念碑をスマートフォンのカメラで撮影しながら、歩いていく。

「ボトナム通り」に着いた。街路樹として柳の木が植えてある。「ボトナム通り」の「ボトナム」とは韓国語（「朝鮮語」と言わないのはたぶんわが家の教育のせいだ）で「柳」を意味する。日朝親善事業の一環で柳の木が北朝鮮から贈られたらしい。それに感激した当時の新潟県知事が港に至る通りに街路樹として植え、その通りを「ボトナム通り」と名づけたようだ。

しばらく歩いていると「祖国往来記念館」とハングルで書かれた建物に着いた。朝早くだったからだろうか、シャッターが閉まっていた。その隣にある総連のものと思しき建物には人気もない。

そこからまた少し歩く。そうすると帰還事業の記念碑がポツンと立っていた。二〇〇〇年に作られた通りの由来を解説する看板の文字は掠れてしまっていて、読むことはもう難しい。港町特有の潮風のせいだろうか。

この看板を見たとき、かつて、この街で起きた一大事業と現在が出会ったように思った。

私の父方の祖父は北朝鮮への帰還を考えていた。当時彼の一家は困窮しており、「北朝鮮は地上の楽園である」という流行の言説を信じていた。祖父一家の他にも北朝鮮への帰還を考えていた人間がいた。それは祖父の弟一家だった。

祖父は三人兄弟の真ん中で、兄弟三人とも済州島から日本にやって来た。兄弟の中で日本で比較的成功したのは一番上だったらしい。彼は勢いのある性格と豪胆さで商売に成功した。祖父は勢いこそあったものの、さまざまな事情から生活に困窮していた。この二人と一番下の弟はまったく性格が違ったようだ。温和で堅実で真面目。三兄弟の中で、一番、真人間だと周りに言われていたらしい。

祖父の弟が北朝鮮に行きたいと思ったのは、差別の多い日本よりも温和な生活ができると言われていたからだった。まず、この祖父の弟一家が北朝鮮に帰還した。その次に祖父の一家が帰還する予定だったが、当時、帰還事業反対を主張していた民団の説得によって、結局、日本に残ることになった。

北朝鮮に帰還した祖父の弟一家がどうなったのかはわからない。ただ、私が知っているのは族譜にある祖父の弟とその一家の名前と生年月日、そして、新潟を出港した帰還船が目的地にした港町の元山に住んでいるという記述だけだ。祖父の弟が願った穏やかな生活は、ニュースを見ているかぎり、できているとは思えない。

帰還事業は自由意志で行われたとされている。確かにそれは事実かもしれない。だけれども、帰還事業の風を作った人たちにどんな意図があったかは語られない。『キューポラのある街』という「名作」映画を観たことがある。この帰還事業をテーマにしているので、今では放送されることすらないらしい。私にとっては背筋の凍る作品だ。この時代、朝鮮人は北朝鮮に「帰る」ことが幸せだと信じられ、彼らを帰還させることこそ善いことだと信じられていた。この映画は「善意」の下にその時代の流れを盛り上げた。この作品を放送しないこともまたその怖さに拍車を掛けている。まるで、あの時代の出来事に蓋をしてしまったかのようだ。

帰還事業について、日本政府や北朝鮮政府、帰還事業を熱心に進めた人たちがあの出来事について何か語るのを聞いたことがない。たぶんこれからも語ることもないだろう。「自由意志」という名の下に帰還させたのだから。

二〇〇三年の日朝首脳会談で同じく新潟県を舞台とした北朝鮮による日本人の拉致問題が発覚してから帰還事業は語りにくいものになってしまった。もしかしたら、あの看板の掠れた文字は潮風によってではなく、時代の風によって掠れたのかもしれない。

私たちは常に柳のように生きている。きっとあの時代、北朝鮮への帰還を考えた祖父や祖父の弟は柳のように生きていたのだろう。私もまたヘイトスピーチの問題が取り沙汰される中で、その身を風に委ねたり、風に逆らったりして生きている。

私は柳の木に聞いてみた。

ヘイトスピーチにまみれたこの国で、死の恐怖に苛まれながら生きているほうが正解だったのか。独裁者の君臨する国で、権力の恐怖に脅かされながら生きているほうが正解だったのか。

私の問いに柳の木は答えず、ただ黙って、風に枝葉を委ねていた。きっと枝葉を揺らしていた風を見ろと柳は言っていたのだと思う。

2017・07・11

蓮舫よ。ここで戦わなくてどうする

蓮舫議員が二〇一六年民進党代表選のときに沸き上がった「二重国籍疑惑」に答えるという意味で、自身の戸籍謄本を公開するそうだ。彼女のこの行動で、今後、日本で公職者になった「帰化人」はすべて戸籍謄本を公開することが先例化してしまう可能性が大きくなる。

これが立憲政治家のやることなのか。私自身、帰化した立場として、彼女の行為は差別行為を固定化するものだと受け取った。私は政治家になるつもりはないし、公職につく予定もない。だけれども、彼女の行為ひとつで私の可能性が閉ざされてしまいそうなことが許せない。

彼女がもし私人の立場だったら、「差別に抗え！」なんてわざわざ言うつもりはない。

声を上げるのが何よりも大変なことは私もよく知っている。だけれども、彼女は公職者であり、日本国憲法の理念を尊重する義務を負っている。ましてや野党第一党の党首という首相候補者の立場だ。そして、これを結局、「説明責任」の問題としてしか考えられないことに私は腹が立つ。日本国憲法の理念を守るための生命線の中でどのようなことをしなければいけないのかということを問われているのだ。

この問題で「蓮舫氏も被害者ではないか」という声もある。確かにそうだ。蓮舫氏が常に女性嫌悪者や人種差別主義者に罵声を浴びせられ続けてきたことは間違いない。だが、今回、「蓮舫さん可哀想」という問題で済ませることはできない。攻撃されていた彼女がその攻撃に対して受身になり、最終的には差別構造を固定化してしまう。差別に反対する側として、その事実を言及しないでどうする。

私からしたら彼女の被害者性云々の話をしている人たちは差別されている人間が加害に回る可能性を無視しているようにしか感じない。差別している側も差別されている側も複雑に入れ替わる。今回のケースは差別をされている側が差別する側に回り、差別構造を固定化してしまったのだ。

差別されている側であろうともそれを理由に誰かを差別してはいけない。

私が帰化したとき、「在日は皆、帰化していくんだ」と父親が言ったことを憶えている。今では考えられないかもしれないが、少なくとも今より帰化することはいいことだと思われていた。同化してしまう危険性はあるものの、この国で権利を得て、民族としてのアイデンティティを守って生きていくためにはこの方法が私は最善だと信じていた。だけれども、蓋を開けてみれば帰化をしても日本国民とは認められず、日本人ではないということを理由に排除する現実だった。日本国籍を取得したときに幼い私が少しだけ感じた希望と、私の両親が感じた将来への可能性はどこへ行ってしまったのか。

私は自分と同じ立場の政治家が憲法の理念よりも自分自身の利益を選んだことが許せない。私はそんな利益のための犠牲にならなければいけないのか。

タイムマシーンに乗って、小学校一年生の頃の私に出会ったら何と言えばいいのだろう。私にはわからない。この子を絶望の淵に立たせたくはない。そして、私と同じ立場の人間が差別する構造を強化するような社会になるということを言いたくはない。私がこの国に帰化したことは正解だったのか。私にはまったくわからない。

蓮舫よ。私は私のやり方で今、ここに立っている。

あなたのやっていることはあのときの私から夢を奪う行為なんだ。

あなたの保身とあなたの党のためにどうして私は可能性を奪われなければいけないんだ。

今やらなきゃいけないのは自分自身の立場を受け容れて戦うことなんじゃないのか。

2017・07・19

私は弾劾する

昨日、蓮舫議員が会見した。

その模様をインターネットの中継でずっと見守っていた。ネット中継だとさまざまなコメントをリアルタイムで見ることができる。蓮舫議員へのコメントはヘイトスピーチとしか思えないようなものばかりで、私はそのコメントの多さに戦慄した。

こんなときに私はあることを感じる。それは「日本国籍に帰化したとしても、私は結局、植民地の人間なんだ」ということだ。

この記者会見が始まる直前まで、戸籍謄本は開示しない、差別主義者の求めには応じないと声高に言っていた。だが、実際は戸籍謄本の一部を開示し、さらに蓮舫代表自身の国籍離脱の書類まで、マスコミ関係者にばら撒いた。

彼女はとうとう、自分自身の保身のためにしか動けなかった。はっきり言えば、国会議員として日本国憲法の理念を尊重することよりも、彼女と同じような立場の人間が今後どうなるかよりも、自分自身の政治家人生を選んだのだ。彼女はただのダメな政治家だった。

この会見を擁護する人たちにとって、蓮舫をどうするかが問題であって、私のような立場がどうなろうが関係ないらしい。

この問題を日本が二重国籍を認めるか認めないかという論点で語る人々がいる。このような語りはあまりにもズレている。なぜならば、彼女の台湾籍とは、日本が植民地とした「台湾」のことであり、それが歴史的経緯で中華民国籍になっただけである。つまり、これは日本の植民地支配の話なのだ。けっして単なる「二重国籍」の話ではない。

そもそも植民地の文脈を背負った人間は「外国人」だなんて日本では見なされない。その昔、石原慎太郎が「三国人発言」をしたけれども、そんな現実を私は体験したことがある。

私が在日だとカミングアウトし始めたとき、私の家族の話をすることになった。

母方の祖母は二人いて、母を生んだ祖母が日本人で、母を育てた祖母は後に韓国からやってきた韓国人だ。つまり、この私は日本人のクオーターということになる。そのことを語ったところ、ある人からこう言われた。

「えっーー！　クオーターなのに彫りが深くないいじゃん！」

私は愕然とした。そうか、日本人にとって、外国人とはそんな存在なのか。

だが、その一方で、私のような立場の人間が日本人だと語ると、違うと平気で言う。

その昔、新井将敬という保守系の国会議員がいた。彼は朝鮮籍から日本籍に帰化し、国会議員になった。だが、彼と同じ選挙区の石原慎太郎陣営から選挙ポスターに「新井将敬は北朝鮮人」という黒いシールを貼られた。

世に言う「黒シール事件」である。

この事件で石原慎太郎は謝罪したが、いまだに反省はしていないようだ。

蓮舫議員の記者会見を見ながら、その事件を思い出した。

結局、植民地の人間は外国人にも日本人にもなれない。

そして、この事実に目を向けようともしない人々に私は恐怖と失望を感じる。

蓮舫議員と彼女に群がる人々を見ながら、この「二重国籍疑惑」は結局、それぞれが自分自身を日本人として感じるための出来事だったんだなと。

私はこんな気持ちの悪い儀式の真ん中に立つ蓮舫議員とそこに群がる連中を弾劾する。

私たちは日本人のアイデンティティを感じさせるための道具じゃないんだ！

2017・08・07

張本さんを思い出す日

日曜日の朝、私は必ず「サンデーモーニング」を観てから礼拝に出かける。それは張本勲さんの「週刊御意見番」を観るためだ。先に言っておくが、たぶん私と張本さんはまったくスポーツについての価値感覚が違う。いや、違い過ぎる。そもそも私は父の影響で野球よりもサッカーが好きだったし、物心ついたときには、海外サッカーが普通にテレビでやっていた。なので、張本さんが時折繰り出す、日本スポーツ至上主義的な考え方や古臭い精神論には「おいおい！　何言ってるんだよ！」と思ってしまう。

どうやらこういう感覚になっているのは私だけではないようで、ＳＮＳを見ていると、「また張本かよ」とか「これだから老害は……」といった発言は数多くある。

ネットで嫌われている張本さんの擁護をするわけではないが、ああいうおじいちゃんは在日社会の中に必ずいる。そんなおじいちゃんの隣には必ずツッコミ役のおばあちゃん（奥さん）がいて、おじいちゃんが私のような若手に武勇伝を語ろうものなら、「あんた！　外でそんな恥ずかしいこと言わないの！」「もうあれから何年経ってると思ってるの！　もう時代は新しくなっているんだよ！」という鋭いツッコミが入る。その後はだいたい軽い夫婦げんかのようなことが起こり、気が付けば終わっている。たぶんそういう夫婦漫才なのだろう。

私が張本さんを見ている理由は活躍していたおじいちゃんが武勇伝を語るところが見たいからかもしれない。個人的には張本さんにいい相方がいれば、きっとフォローもできるだろうし、違った愛され方もするんだろうなあと思うこともある。

そんな「在日のイケイケなおじいちゃん」とはまた別の顔を見たのは、張本さんの幼少期に関する新聞記事を読んだときだった。張本さんは広島出身で、実は一九四五年八月六日の原爆投下に遭遇している。そのときに実のお姉さんを原爆で失っているそうだ。張本さんは野球選手を引退してから二回ほど原爆資料館に行こうとしたが、どうしても行けなかった。悔しさや怒りで冷静になることが出来ず、あの空間に足を踏み入れられなかったとのことだ。

当事者であればあるほど、どうしても語ることから遠ざかってしまう。私の父方の祖母は「昔は苦労したんだよ」ということだけを言って、どうしても過去のことを語ろうとしなかったと父が言っていた。祖母はそうやって辛い過去に蓋をしていたのかもしれない。張本さんはそんな祖母とは対照的に早くから自分自身が在日韓国人であることを公言していたし、あるときから広島の語り継ぎも積極的に行っていた。どちらが「正しいか」という問題ではなくて、どちらも時代に向き合い続けたということなんだと思う。

オバマ前大統領が広島に来たとき、張本さんがとても感極まった表情をして、「サンデーモーニング」で語っていたことを憶えている。あの時代を知っている人の声だった。毎回、「週刊御意見番」を観ながら、「張本さん、それは違うよ!」とテレビに突っこんでいるこの私が初めて、張本さんのよさを感じた瞬間だった。

張本さんは時に古臭い理論で、私のような若い世代とぶつかることもあるだろう。だが、張本さんが歴史を語り継いできたことは彼の現役時代を知らない私も語り継いでいきたいと思っている。

八月六日は原爆と同時に張本勲という人を語り継ぐ日にしていきたい。

2017・08・15

八月十五日を語り継ぐ

今日は八月十五日だ。この時期になると、母方の祖母が私に語っていた昔話を思い出す。

一九四五年、彼女は当時、十七歳の少女だった。彼女の家は以前からキリスト教（プロテスタント）を信仰していた。

戦争が本格化し、植民地への締めつけが厳しくなっていったこの時代、信仰者たちにとって最大の問題は神社参拝や宮城遥拝だった。キリスト教の中でもプロテスタントは偶像崇拝とみなされる行為は厳格に禁止されている。当然、神社や宮城への参拝は厳禁だ。だが、当局の圧力によって参拝するクリスチャンたちも増えていった。しかし彼女の家族はそのような時代の中で、どんな場合であっても「偶像崇拝」はしないと決め、祖母もそれに従っていた。

ある夏の日、彼女はいつものように宮城遥拝をさぼっていた。その姿を見て憲兵が現われ、なぜ宮城遥拝をしないのかを尋ねた。彼女は自分自身がクリスチャンであることを理由に遥拝できないことを丁寧に説明した。だが、憲兵はなんとかして遥拝させようとする。祖母は気が強い人間だったので、どうしてもできないと言うと、憲兵は怒って、出頭を命じてから、どこかに行ってしまったそうだ。

そんな憲兵とのひと悶着があってすぐ、祖母はラジオで日本が戦争に負けたことを知った。もしも、このタイミングで戦争が終わらなかったら祖母はどうなっていたのだろうか。八月十五日の夜はとても静かだったという。ソウルにいる日本人たちは、植民地の人たちの報復を怖れていたからだ。祖母曰く、日本人たちはすぐにいなくなってしまったという。

祖母は亡くなる寸前まで、憲兵に追いかけられる夢を見ると言っていた。憲兵に捕まれば、何をされるかわからない。実際に神社参拝や宮城遥拝を拒否して亡くなった牧師がいた。韓国では八月十五日を「光復節」と呼んでいるが、大日本帝国によって、自由を奪われていた植民地の人々にとってはまさに「光が復び戻った日」であるのだ。

そのような経緯を知らない日本人がかなり多い。この時期の終戦記念日の特集番組を観ていると、彼らの話は日本の中であまり語り継がれていないと思う。この時期は、「日本人」の戦争体験ばっかり語られるが、あの戦争の当事者は「日本人」だけではない。「帝国」や「植民地の人々」を語らないまま、ただ、単に「あの時代は不幸だった」とするだけの「記念式典」になっているのではないか。

あの時代、懸命に生きた人々の生はいったい何だったのだろうか。

近年、特攻隊で亡くなった人々を「英霊」だと美化する風潮があるが、なにか違和感を感じる。再び、戦争を起こさないようにするために美化せずに特攻隊を語り継ぐことこそが、そこで亡くなった人々の死を「無駄死に」にしないようにすることだ。

実は今日、「NO WAR!」と胸に書かれたTシャツを着て、靖国神社に向かっていた。その途中、明治通りで行っていたネトウヨのデモに出くわした。デモ隊のあるひとりが「言いたいことがあるなら言ってみろ！」と私に突っかかってきた。そのひとことで一斉に、私のほうをデモ隊は向いた。ざっと五〇人ぐらいいただろうか。私は騒ぎになると予感して、すぐに走って逃げた。結局、靖国神社に行くことはできなかった。

「語り継ぐ場」であるはずの靖国は私の想像を超えて、別の変化をしていることを体験した瞬間だった。

2017・08・17

君たちは『火山島』を読んだのか

今、芥川賞選考委員で作家の宮本輝氏の選評が話題になっている。

宮本氏は芥川賞候補作で、温又柔さんの作品である『真ん中の子どもたち』に対して、このような選評をした。「これは当事者たちには深刻なアイデンティティと向き合うテーマかもしれないが、日本人の読み手にとっては対岸の火事であって、同調しにくい。なるほど、そういう問題も起こるのであろうという程度で、他人事を延々と読まされて退屈だった」（宮本輝・芥川賞選評『文藝春秋』二〇一七年九月号）。宮本氏の選評を読むかぎりだと、いかにも「在日文学」を他人事としてしか考えていないようにも見える。

このような「在日」文学への態度は、今に始まったことなのだろうか。この問題を問う前に、日本語とはどういう言語なのかということを説明しなければならない。

今では、日本語の使い手と言えば、いわゆる「日本民族」か、「外国人の日本語学習者」だと思われている。だが、その昔、日本の植民地の人々もまた、日本語の使い手だった。私の祖父母は韓国語話者であり、日本語話者でもあり、父方に限って言えば、済州語話者でもあった。植民地を経験している人々の日本語はとてもきれいだ。それは当然である。「きれい」な日本語を使わなければ、帝国で人と認められないことを知っていたからだ。

「代書屋」という上方落語の噺を知っている人はどれだけいるだろうか。

あの噺の中には、済州島出身者が出て来る。そして、その済州島出身者は朝鮮語訛りの日本語をしゃべって、観客の笑いを誘う役割になっている。奇遇なことに「代書屋」に出て来る済州島出身者は私の父方の祖父と同郷だ。私は父や伯父から「祖父はきれいな日本語をしゃべっていた」と聞いている。関東大震災の朝鮮人虐殺のときは、「一〇円五〇銭」という言葉が、朝鮮人を見分けるための合言葉になった。つまり、日本語を「きれい」に話すことは、時に命が掛かっていたのだ。

私たちが使っている日本語とは、植民地と帝国を繋ぐ言葉だった。

だが、植民地から解放された後の惨状を生き抜いた人たちの言葉にした作品があった。金石範さんが長年に渡って執筆した『火山島』である。

『火山島』は日本からの解放後、朝鮮半島が混乱の時代を迎えていた中で、済州島で起きた虐殺事件である「済州島四・三事件」をテーマにした小説だ。

「済州島四・三事件」とは、まだ韓国がアメリカ軍政時代だった一九四八年に起きた、国防を担った南朝鮮国防警備隊やその後身となる韓国軍や韓国警察、朝鮮半島の右翼集団による済州島島民の虐殺事件である。島民の五分の一である六万人が犠牲になったと言われている。

この事件は、韓国国内では「共産主義者の暴動」とされ、長年タブー視されていた。だが、民主化以降もう一度見直す動きが起こり、盧武鉉政権になってから、大統領自身が、この事件における韓国政府の責任を認め、謝罪をするまでになった。

タブー視されていたのは韓国国内だけではない。在日社会でも語られない問題だった。この事件で済州島から命からがら日本に逃げてきた人々にとって、この問題を語ることは体制の報復や日本の入管法の関係で難しかった。そんな当事者たちが語れないタブーを打ち破ったのが『火山島』だった。これは在日コリアンが日本で日本語を用いて書いた作品である。

もし、この『火山島』が韓国で、そして韓国語で書かれたらどうなっていただろう。当事者の子孫なのに日本語話者である私はこの事件を知ることができなかっただろう。そして「反共」を国是として掲げ、軍事独裁政権だった韓国で、書き続けることはできなかったことは想像できる。

私はかつて、金石範さんの講演会に行ったことがある。その席で金石範さんが主張していたのは『火山島』を韓国文学とされたくないということと、『火山島』が日本語だからこそできた文学であるということだった。日本語であるからこそできた文学。これほどにまで素晴らしい文学は存在しない。

だが、「日本文学」を愛する人々は、この「日本語だからこそできた文学」にどうやって向き合ってきたのだろうか。この小説は日本国内で賞を複数獲っているにも関わらず、今回、宮本氏を批判する側から金石範さんの名前も『火山島』の名前も出て来なかった。この問題は新しい問題として考えている人たちが多いかもしれないが、実はきわめて古しい問題なのだ。

日本語だからこそできる文学とは何だろう。それは谷崎潤一郎が語るような日本語の持っている「情緒性」を根拠にするのではなく、金石範さんのように政治的に、もしくは社会的に声を出しにくい人たちに救いをもたらすための文学という一面があるのではないか。

私は金石範という偉大な作家がいつ評価されるのだろうかといつも考えている。だが、こう考えることもできる。誰もが見逃している作家とその人が命をかけて紡いだ作品を知っている私はとても幸せだということだ。

これを機に『火山島』という作品をぜひともいろいろな人に読んでほしいものだ。

2017・08・25

私の「満月の夕」

「都民ファースト」で話題になっている小池百合子都知事が、関東大震災後に起きた朝鮮人虐殺の追悼式典へ追悼文を送らないことにしたという。都主催の慰霊行事ですべての人々に哀悼の意を表しているので、個別の式典では追悼文を送付しないことにしたと、都は発表している。

ただ、今年三月に、都議会一般質問の中で自民党都議である古賀俊昭都議が、朝鮮人虐殺に関して、犠牲者数の根拠が不明瞭であると発言しており、この発言との関連も指摘されている。

私には好きな歌がある。それは3・11のときに知った「満月の夕」という歌だ。阪神淡路大震災のときに、ソウル・フラワー・ユニオンの中川敬さんとヒートウェイヴの山口洋さんが作った曲で、震災に遭った神戸の街の様子を歌っている。3・11のときに、私はこの歌を聞きながら、テレビから流れている津波の映像を観ていた。

「満月の夕《ゆうべ》」には数パターンの歌詞が存在するが、中でも阪神大震災を経験したガガSPが歌っているバージョンには、こんな歌詞が入っている。

声のない叫びは煙となり
風に吹かれ空へと舞い上がる
言葉にいったい何の意味がある
乾く冬の夕

日本音楽著作権協会（出）許諾第1714436―701号

阪神淡路大震災を歌っているにも関わらず、3・11の東日本大震災のときに感じた、無力さや虚しさのようなものを思い出す。

それと同時に、私は、この歌詞を聞くと、関東大震災後の朝鮮人虐殺を思い浮かべる。だけれども、この歌詞と違う点は、関東大震災後の朝鮮人虐殺の犠牲者たちは今でも、空へと舞い上がることが出来ず、地上で漂っていることだろうか。

野村進さんの『コリアン世界の旅』では、阪神淡路大震災を取り上げている。そこでは関東大震災後の朝鮮人虐殺を知っていた在日コリアンたちが、また、「あのとき」と同じように、ふたたび朝鮮人が日本人に襲われるのではないかと不安になった様子が書かれていた。

関東大震災後の朝鮮人虐殺が起きたのは一九二三年の話で、阪神淡路大震災が起きたのは一九九五年の話だ。だけれども、当事者にとって、関東大震災後の朝鮮人虐殺は終わらない話なのだ。

阪神淡路大震災から何年も経った二〇一一年に東日本大震災が起き、二〇一六年には熊本地震も起きた。だけれども、関東大震災後の朝鮮人虐殺の不安だけは確実に大きくなっている。

ネットを見ていると、何より不安を増大させたのは、二〇一三年に起きたヘイトスピーカーたちによるデモだった。あのデモをきっかけに、多くの人たちが在日コリアンへの憎悪を表に出すことをためらわなくなった。

「あの震災をきっかけに大きく変わった」という紋切り型の言葉をよく聞くが、それは私には生命を脅かす言葉として響いている。

もし今、東京で直下型の大地震が起きたとしたらどうなるのだろう。

私は災害が原因で死ぬことよりも、ヘイトスピーカーによる偏見に固められたデマによって、殺されるのではないかと不安になっている。

私は、気づけばこんなことをあらゆる人に頼むようになっていた。

「震災があったら守ってくださいね。よろしくお願いいたします」

朝鮮人虐殺の追悼式典に追悼文を送ることは、震災のときでもマイノリティーの生命を守るという意思表示ではないか。

今、アメリカでは白人至上主義者とそれに反対する人々との対立が続いているが、多くのアメリカの政治家たちはマイノリティーの保護を主張した。

それこそ、政治家の仕事だ。

東京とはどんな街だろう。私にとって東京とは「差別の街」だ。さまざまなマイノリティーがひしめき合って生活しており、その生活の中で差別的な出来事は数えきれないくらい発生する。だけれども、今、小池都知事は、そんな「差別の街」東京を小奇麗にして、「差別」を忘れ去ろうとしている。

小池都知事の「都民ファースト」の「都民」の中には在日コリアンはどうやら入らないようだ。

2017・09・01

関東大震災後の虐殺事件で犠牲になったすべての方々へ

関東大震災後の虐殺事件で亡くなられた、すべての犠牲者の方々に、ご冥福をお祈りいたします。

二〇一七年をもって、関東大震災が起きて九四年目になります。あのときの悲劇は時が経ち、記憶から記録になり、現在では歴史教科書に明記されるまでになりました。

この私もまた、かつて日本の学校で関東大震災後の虐殺事件を学んだ一人です。この出来事を授業で学んだことは、はっきりと憶えています。日本籍の在日コリアンとして、とても衝撃的な内容でした。

私が生徒だった頃、日本社会の中で、在日コリアンへの圧力は、少しずつ和らいでいた頃で、授業の内容は衝撃的ではありましたが、「もうこんなことはないだろう」と、どこか他人事のように考えていました。

ですが、あれから九四年経った今、関東大震災後の恐怖が少しずつ現実味を帯びてきています。路上では「韓国人や朝鮮人を追い出せ！」というシュプレヒコールが叫ばれるようになり、インターネット上では「朝鮮人を殺せ！」と書きこまれるようになりました。九四年前と比べて、すっかりきれいになった東京の街にはまだ、犠牲になった方々の霊は路上で彷徨いつづけています。

悲しいことに、この虐殺事件の犠牲者の正確な数はわかっていません。それは関東大震災後の混乱があったこともありますが、この事件の重大性を当時の政府は認識せず、むしろ、この虐殺事件を助長する側に回っていた側面があります。

犠牲者の方へ追悼文を送るとはどういうことでしょう。それは公権力が、かつての行いを反省し、マイノリティーの生命と財産を守る決意表明です。マイノリティーへの社会的圧力が強くなっていく中で、公権力は戦前の行いを反省した日本国憲法の理念に基づき、人々の生命と財産を守っていかなければいけないのです。それこそ、私たちが信任する政府の役割です。

悲しいことに、私たちは犠牲者の方々の生命を復活させることはできません。ですが、過去を振り返り、人が死なない未来に変えることはできます。

私たちの歴史はけっして成功ばかりではありません。むしろ、今に至るまで、失敗のほうが遙かに多く、その失敗の中で、犠牲者が無数に出ました。その犠牲者を本当の意味で鎮魂するためには、失敗した歴史を直視し、私たちが同じ過ちを繰り返さないと決意する必要があります。

関東大震災から九四年経った今、虐殺の歴史は記憶から記録になりました。そして、今、風化しようとしています。

本当の意味で風化するとはどういうことでしょうか。それは、このようなことを起こさないと未来に生きる私たちが誓うということです。

私は公職者でありません。ですが、私はこの国の主権者として、この歴史に向き合わなければなりません。それがこの事件で犠牲になった方々への最大の追悼です。

虐殺事件を知った未来の子供たちが「もうこんなことはしない」と心に誓ったとき、犠牲者の方々が天に昇れると私は思うのです。

このような未来を作っていくことこそ、今の時代に生きている私たちができることです。いまだに路上で彷徨っている犠牲者の方々にそれを見ていただければうれしいです。

2017・09・13

「政治の季節」の忘れ物

わが家では必ず夏と冬にコリアンタウンにある韓国食材店でチャンジャとゴマの葉の醤油漬けとにんにくの醤油漬けを買いに行く。この夏と冬の行事を私は毎年、楽しみにしていた。

私が通う店にはたくましそうなお母さんがいて、一人で店を仕切っている。そんな様子を見る度に「帰って来たなあ」と思いながら、いつもの食品を買っていく。

今でも大事な人への贈り物はこの店の美味しいチャンジャやゴマの葉の醤油漬けだ。

この街に思い出があるのは私だけではない。私の父や母の初めてのおつかいはこの街にある韓国食材店だったそうだ。親戚も店をやっていた。そんな東上野を私は「ふるさと」と呼ぶ。

そんな「ふるさと」の近くで差別主義者によるデモが起きた。私はいてもたってもいられず現場に向かった。

ありもしないことを垂れ流す差別主義者に対して、いろいろな人たちが声を張り上げて抗議をしている。そんな光景は「ヘイトスピーチ」という言葉を知らない人から見たら「けんかしているの？」程度にしか思われないかもしれない。実際に通行人が「これじゃ、ただの叫び合いじゃん」と独りごちていた。

そんな中で、私は手持ちのｉＰｈｏｎｅでひたすら写真を撮っていた。私の愛する街で起きていることを伝えたいという気持ちからだった。

デモは終着地点の公園に着いた。抗議する人々もその公園の回りに集まり、大きな声でヘイトスピーチに対抗していた。ある人は興奮してしまったのだろうか、拡声器を持ちながら、差別主義者に向かっていこうとした。

そのとき私はその場にいた市民を守るはずの警察官よりも先に制止した。「これ以上彼らを刺激して、ここに住む同胞に何かしたら困るからやめてくれ」。私はそんなことを言っていたと思う。

同胞なんていう言葉はふだん使わないのに、こんなときにふと言ってしまう。そんな言葉を使っている自分がなんだか恥ずかしくもあったし、少し嫌にもなった。

デモは「無事」に終了した。そして、私が制止した男に一言、声を掛けた。

「先ほどはすみませんでした。この近くにコリアンタウンもあるので、帰りにぜひ寄ってください」

今から思えば、お店の人でもないのに、変なことを言ったものだ。

男は私の言葉を聞いて、こんなことを言った。

「そうだったんですか。知らなかったです」

「えええええええ！」

心の中で思いっきり叫んでしまった。

「私たちの街って忘れられているのか……」。何とも言えない気分になりながらも、友人への結婚祝いとして、柚子茶を買いに東上野のコリアンタウンに立ち寄った。しかし、路上で声を上げていた人たちをそこで見かけることはなかった。いつもよりも静かな東上野だったと思う。「反差別」という掛け声の中で、差別されている側の日常が忘れられているると感じた瞬間だった。

言葉ばかりが先行している「政治の季節」の中で、私がこうやって文章を書いているのは、当事者の日常や生活をちょっとでも知ってほしいという気持ちがあるからだ。

いい歳のおじさん二人がどうしようもないことで殴り合いのけんかをして、最終的に奥さんたちが「あんたたち、いい加減にしろよ」と叫んで、けんかが終わったとか、法的に怪しい年齢の人たちがお酒を飲み過ぎたとか、法事のときにブタを屠って、一家皆で食べたとか、焼肉屋の金網を洗って手がボロボロになったとか、そんな話ばっかりだ。もしかしたら、こんな日常の話は恥ずかしがって誰も語らないかもしれない。でも在日の持っている歴史や生活や文化はけっして屈辱的なものだけではない。たしかに差別という崖の前で立ちすくむこともある。でも、そんな日々だけじゃない。幸せをかみしめているときもある。

もし、差別によって私の祖父母が生命を落としていたら、私の生命はなかった。差別がある中でも、彼らなりに決断し、その生命のバトンを私たちに受け継いできた。在日の歴史や生活や文化はそんな先人たちから渡されたバトンなのである。

私は路上に出て抗議することだけが正解じゃなくて、その中で見落としがちなものを拾って、後世に受け継いでいくことも、立派な「反差別」だと思っている。

「チョーセンジン」だと不条理にバカにされ、けなされ、時に殴られても、歴史や文化を残してきた。差別の中で生き抜いた人たちの姿を、差別が跋扈する時代だからこそ語り、そして、その生命の灯火を未来に生きる人たちに託すためである。

恐怖でその場に来られない人、「反差別」という言葉がなかった時代の人たちに、ほんの一秒でもいいから想いを馳せてほしい。もっと言えば、差別されている当事者に出会ってほしい。

あの時代を生き抜いてきた人たちと一緒に過ごした私にとって、彼らの日常を語り継ぐことがひとつの「反差別」だ。私が差別主義者たちから守りたいのはチャンジャを安心して食べられる生活だ。

彼らもこの文章を読む日が来るかもしれない。そんなときにこんな人間の顔があったと思える文章を私は書きたいと思っている。そしていつの日か、日本人、在日、韓国人、朝鮮人、差別主義者、抗議する人等関係なく、肉を焼いている七輪を囲むことが私の理想である。

2017・09・25

私も難民になっていたかもしれない

ここ数日、群馬県で遺跡巡りの旅をしていた。古代の群馬では、朝鮮半島から来た人々が数多く住んでいたらしく、朝鮮半島の古代文化が色濃く残っている古代遺跡がたくさんあった。私が生まれるはるか昔のことだけれど、この時代から人と人の動きによって作られる文化や歴史があったことに、私は感動した。

そんなとき、私は麻生太郎副総理の言葉を知った。彼は講演会の中で、朝鮮半島で有事が起きた際に大量の難民が日本に押し寄せる可能性に触れながら、「武装難民かもしれない。警察で対応するのか。自衛隊、防衛出動か。射殺ですか。真剣に考えなければならない」と発言した。

この発言に抗議する言葉がネット上だけではなく、あらゆる場所で出てきた。

麻生副総理の発言に対してはもちろん反発している。だが、麻生副総理に対して肯定的な人たちの言葉だけでなく、否定的な人たちの言葉を見ても、ある「出来事」がぽっかりと忘れられていることに気づく。

一九五〇年代の話である。日本では在日コリアンたちを北朝鮮に帰還させる事業が行われていた。今では信じられないかもしれないが、当時、「北朝鮮は地上の楽園」という文言が日本人、在日コリアン関係なく飛び交っていて、この言葉を信じた人々は次々と北朝鮮へ「帰国」した。在日コリアンだけでなく、在日コリアンの日本人妻や日本人夫たちも北朝鮮へと渡っていった。その総数は約一〇万人だと言われている。

この一大事業に、わが家は当事者として関わっていた。一九五〇年代の帰還事業華やかなりし頃、私の祖父の弟一家は北朝鮮へ帰国し、続いて私の祖父一家も北朝鮮へ帰国する予定だったが、帰国途中に、民団の「北送反対派」に「説得」されて、引き返してきた。「帰国」した祖父の弟一家と連絡が取れていた時期もあるようだが（どうやって連絡を取っていたのか私は知らない）、今では音信不通だ。

私の母も北朝鮮への「帰国」を勧誘されていた。母が勧誘されていたのは一九七〇年代後半～八〇年代で、帰還事業も終わろうとしている頃だった。

母を育てていた祖母はあの時代にしては珍しく韓国の大学を卒業し、韓国で学校の先生を務めていた経歴があった。日本に来てからは文字が書けない人たちに代わって韓国や北朝鮮に送る手紙の代筆を、よく頼まれてしていたそうだ。

そんな有名人だった祖母の下に、ある日、総聯の帰還事業の担当者がやってきた。担当者は祖母に、「北朝鮮の大学の先生の座を約束するので、娘さん（母のこと）と一緒に北朝鮮に帰還してほしい」と頼みこんだ。祖母は朝鮮戦争経験者だったため、この話を即座に断った。

もし、父方の祖父の一家が、あるいは母方の祖母が母を連れて北朝鮮に「帰国」していたらどうなっていただろうか。

北朝鮮から日本に難民としてやってくる人たちは帰還事業で帰国した人々になるのではないかと思う。日本との繋がりが少しでもある人たちなら、日本での生活が北朝鮮の生活に比べて豊かであることは知っている。

仮に朝鮮半島有事が起き、そんな人たちがもし「武装難民」として射殺されたらどうなるのか。朝鮮半島での有事の可能性が高まっている中で、安穏と生きているこの私も、何か一つが違ったら「武装難民」とされていたかもしれない、もうひとつの現実を感じるようになってきた。

わが家では今後、難民となるであろう、まだ見ぬ親戚をどうするかについて話し合うことになるだろう。「武装難民」として、日本政府に銃殺される可能性があった人間たちとして。

北朝鮮での有事における「難民」とヨーロッパのシリア難民はその文脈とは違う。なぜならば、元来、日本に住んでいた人々が、日本政府の推進した帰還事業によって北朝鮮に帰国しているからだ。そこには日本国籍保持者も存在する。

麻生副総理の発言の是非を巡って、こんなナチュラルに帰還事業が忘れられていたということが少しショックだった。そして、どんな人たちが日本に「帰国」するかということも語られない。国家という魔物が動き出すときはそうなのかもしれない。

歴史は忘れられるものかもしれないが、歴史の延長線上で生き続けている人たちも大勢存在する。人々はその存在をすっかり忘れてしまっているということだろうか。

新潟で見た帰還事業の案内板を思い出す。傷だらけの看板の文字を読むのはとても難しかった。

渡来人の記憶が歴史になったように、いずれ、在日の記憶も歴史となるだろう。私は北朝鮮に家族がいる人間として、あの時代の延長線上で生きている人間として、傷だらけの看板の文字の上を、消さないように、なぞるように、こうして書きつづけている。

【後日談】　祖母から聞いた話を母に振ったところ、母曰く、祖母は母子で北朝鮮へ帰還することではなく、総連に入ることを勧誘されたのだそうだ。私が祖母から話を聞いたのは祖母が亡くなる一か月前のことである。韓国からやってきた祖母にとって、総連に入ることは北朝鮮に行くことと同義だったのかもしれない。

アワビ粥の季節に

2017/10/01

2017/10/18

2017・10・01

「オッパ」って言われること

私にはどうしても慣れないことがある。それは「オッパ」と言われることだ。韓国に留学していたときのこと、私より年下の女子学生たちは私を「オッパ」と呼んでいた。だが、そう呼ばれると、とてつもなくむず痒い気持ちになる。

年上の男性のことを女性が「オッパ」というのは在日のコミュニティーの中でもそうだ。フェイスブックを覗いていると、たまに、在日同士のやりとりで「オッパ」という単語が出て来る。それを見ていて、「あー、自分がそう呼ばれるのは恥ずかしいわ」と思ってしまう。

小さい頃から私は韓国語とは縁のない生活を送ってきたけれども、日常生活の中には韓国語があった。とは言っても、日常生活の中にある韓国語とは、簡単な動詞や、親戚を指す言葉やお行儀の悪い言葉である。

ちなみに私の記憶の中で最古の韓国語の思い出は「ポッポ」という言葉だ。実は長い間、この「ポッポ」という言葉の意味がわからなかった。韓国に留学してから、語学堂の教材にある単語集で初めて、その意味を「チュー」だということを知った。

親族を指す言葉にも思い出がいっぱいある。父方の伯母のことは小さい頃から「コモ」と呼んできたし、うちの父もいとこたちからは「チヤグナッパ」（「チャグンアッパ」）と呼ばれている。

小学校に上がったときだっただろうか。私が親戚の話をしていると、「コモ」という単語が口から飛び出てきた。周りの友人たちは「コモって何」みたいな顔をしてキョトンとしていた。「えっ。この言葉知らないの？」と思って、その日以来、「コモ」ではなく「伯母さん」もしくは「伯母」と呼ぶようになった。

ちなみに私には姪っ子と甥っ子がいるが、姪っ子には私の名前で呼んでもらっている。いつの日か「伯父さん」と呼ばれるだろうか。

だけれども、誰かから「オッパ」と呼ばれることだけは本当にむず痒い。妹から言われるのであればまだしも（妹は絶対お兄ちゃん」と呼ぶだろうけれども）、誰かも知らない人からいきなり、「オッパ」と言われるのはちょっとびっくりするし、「いやいや、そこまで気を遣わなくてもいいですよ」と言いたくなってしまう。ちなみに韓国ではどんなに親しい人でも年下の人には「しおんさん」と呼ばせていた。なんだかこっちのほうがいいのだ。肉親でもない人に「オッパ」と言われても、どうやって振る舞っていいのかわからないからかもしれない。

自分の文化の中で慣れないものはたくさんある。わざわざ自分自身が「〇〇人だから」という理由で自分自身を無理矢理、文化の型にはめなくたっていい。自分自身にとって、生きやすい文化を選択していくのが一番いいと思う。

このむず痒さは大事にしていきたい。

文化は境界線を超えて

2017・10・08

昨日、ノーベル文学賞の受賞者が発表された。今年は日系イギリス人のカズオ・イシグロが受賞した。

実のところ、私はカズオ・イシグロのファンだったので、受賞されたとネットで見たときに思わず、「やったあ!」と叫んでしまった（笑）。たぶん誰かが栄誉を獲得して叫んだのは二〇一〇年のワールドカップでサッカー日本代表がデンマークを下したとき以来である。

カズオ・イシグロがノーベル文学賞を受賞したと発表されるやいなや、彼の経歴が話題になった。彼は長崎生まれの日系イギリス人で、五歳のときにイギリスに渡って、イギリスで教育を受けた。そのため日本語は話せないらしい。

喜びの声の中には彼のノーベル文学賞受賞を日本人による受賞だと言って、喜ぶものもあった。だが、私はこんな喜び方に違和感がある。

私の家族は元々、焼肉屋を経営していたので、わが家の食卓には当たり前に「韓国料理」が並んでいた。私は今まで、この家で食べる「韓国料理」こそが「韓国料理」であると思いこんでいた。なので、釜山に留学することが決まったとき、食には困らないだろうと思った。

だが、釜山で生活を始めてすぐに、その考えは間違っていたと気づかされた。わが家で出てくる「韓国料理」と釜山で食べられている「韓国料理」がまったく違うのだ。たしかにわが家で出ている料理に近いものも釜山には存在する。でも何かが違う。

実は釜山の料理は韓国の中でも味が濃く、辛いと言われているらしい。私のゼミの指導教官は忠清南道の出身だが、釜山料理は味が濃いと言っていた。さらに朝鮮戦争の影響で、釜山には北朝鮮からの避難民がもたらした独特の食文化も存在する。

まず、食から馴れなければいけないと思い、私はわが家の味との違いを克服するため、一年間、釜山の「韓国料理」しか食べないと誓って実行した。そのせいか、今では釜山の「韓国料理」が大好きになった。

とは言っても、やはりわが家の料理も大好きだ。やっぱり父の焼肉のタレや母のキムチはすごく美味しい。

カズオ・イシグロの話なのに、なんで韓国料理の話になったのか。

カズオ・イシグロは五歳で日本を出て、イギリスで育った。さまざまな言葉や文学に出会って、素晴らしい文学を紡ぎだしてきた人だ。

彼の文学はわが家の「韓国料理」にもダブってくる。父方の済州島の味、母方の祖父の忠清南道の味、ソウルの味、そして、日本の味が混ざって、今の味になった。

文学も食も、どちらも人が作り出した「文化」だ。「文化」とはそんな人と人との交流やさまざまな「出会い」の中で生まれてくるものだと思っている。

韓国の韓国料理ではスパムがよく使われる。どうやらアメリカの基地があった影響らしいが、これはわが家では出てこない。一方、わが家ではキムチを漬けるのに昆布や魚醤を使う。韓国で食べられているキムチとは違って、出汁が味の決め手になってくる。異なる文化と出合ったおかげでできた素晴らしいものだ。

カズオ・イシグロの紡ぎだしてきた文学も同じだろう。彼は日本映画から影響を受けながらも、イギリス文学の伝統の最先端にいると言われている。

私たちは「言葉」を食べて生きている。「言葉」は境界線がないことを示しながらも、境界線と向き合い、あらゆる文化と向き合い、作り上げられたものだ。境界線がないと証明している文化に、いったい誰が境界線を引こうとしているのだろうか。

境界線を引く行為は時に残酷な事態を引き起こす。境界線を引く行為に対抗するときに、境界線の存在を否定する文化が光ってくる。カズオ・イシグロがノーベル文学賞を受賞したのは、現代が境界線を引きたがる現代だからなのかもしれない。

2017・10・10

民主主義ってなんだ？

ここ最近テレビを観ていると、ずっと政局と選挙の話題ばっかりだ。

安倍首相は衆議院を解散し、民進党がまさかの形で事実上解党することになり、東京都知事のこしらえた「希望の党」が誕生し、「希望の党」に反対した民進党の議員が立憲民主党を作った。政治の流れが選挙直前にこれほど動いたことは憲政史上なかったことだと思う。野党勢力は分裂したまま、今日の告示日を迎えた。

昨日、私が幼少の頃から住んでいる街の駅前で、とうとう差別主義者たちによる集会が行われた。私は急いで現場に向かった。東京のような人の多い街で行われていると、差別主義者たちのヘイトスピーチは都会の雑音に紛れたりもするが、地方都市ではそうはいかない。人が少ないこともあり、一段と目立つ。

私の住む街にも在日コリアンは数多く住んでいる。だが、この街の在日たちは地域社会に根ざして生活をしてきた。そのせいか、ここが在日コリアンも多く住む街であるということを知らない人も少なくない。

翌日は「国民」が主権を行使するための総選挙の告示日だ。私は在日コリアンでありながらも日本国籍を取り、参政権を有している。だが、差別主義者たちの言葉に手を縛られたような思いがした。選挙戦が始まってからも、選挙活動の手伝いをしに行くかどうか迷っている。

私には支持している政党もあるし、支持している政治家もいる。だけれども正直、「帰化人」である私が行って選挙活動の邪魔にならないか、不安になってしょうがない。

昔、とある政治家のお手伝いをしたことがあった。普段からお世話になっている人の紹介で手伝ったのだが、初めて私も「政治活動」に参加することができた。

私がやった「政治活動」は政治家のビラ配りである。ビラ配りの前に政治家の事務所でさまざまなレクチャーを受けた。ビラの配り方はもちろん、どこの地域に配らなければいけないか等も教わる。政治家が所属している政党への入党の勧誘や支援者の募集も行われていた。

私はそこでいくつか質問をした。「私はもともとは在日で、日本に帰化しましたが、入党できますか」「党首選挙での投票権はありますか」。事務所のスタッフはキョトンとしていた。

ネットを見れば、「帰化人議員リスト」なんていう悪質なデマリストがあり、そのリストでネトウヨたちが遊んで、「こいつらは中国や韓国のための政治を行っている」と訳のわからないことを言っている。かたや、現実の世界を見てみれば、蓮舫議員の「二重国籍」問題で大騒ぎし、旧植民地出身の政治家への差別的な言動は今でも続いている。

こんな状況の中で思うことはただひとつ。私はなるべく政治活動の場から離れようということだ。

仮に、帰化人である私が選挙活動で何らかの手伝いをしたとしよう。それを理由に当選した政治家が批判されてしまうのはとても心苦しい。支援をしていた政治家に迷惑をかけたくない。

「そんなことはあり得ない」という人たちもいるだろう。だが、私は蓮舫議員の「二重国籍問題」を通して、この国の「良識ある」人々がどのような仕打ちを彼女にしたのかを知っている。この国では帰化した人間たちがこの国の政治のアリーナで声を出すことを禁止したのだろうか。

このような扱いは帰化していない在日コリアンも同様だ。私の友人から聞いた話だが、彼が駅前で主催した集会に、帰化していない在日コリアンをゲストスピーカーとして呼んで、話をしてもらった。ところが、「その人は日本人ではないのに、なぜこの場でスピーチをしているのか」と文句を言う人が現れたそうだ。

私は別に自分が何人であるかは気にしないし、そんなことに時間を割く意味もないと思っている。だが、日本国籍を取った今ですら、私の声は「日本人のための民主主義」という言葉によって押しつぶされている。

私は問いたい。「帰化人の私は日本の民主主義のアリーナの中で声を上げてはいけないのか」。

国会前のデモで、SEALDsが「民主主義ってなんだ?」とコールしていた。彼らは迷わず、その後に続く言葉として、「これだ!」と言っていた。私はこの国で、「民主主義とはなんだ?」と問われても、「これだ!」と言えるものが見つからない。いや、「これだ!」という声すら出せない。この国の民主主義は日本民族の血を受け継いだ「日本人」だけのものらしいからだ。

だが、民主主義とはあらゆる人たちが同じ声の大きさで、話し合う政治スタイルなのではないか。

私は言葉がはく奪されているこの地点から「民主主義」に思いをはせる。

棄権なんて私にはできないよ

2017・10・12

今日、自宅のポストを覗いてみると投票所整理券が届いていた。街中を自転車で走っていると選挙カーが目立つようになってきた。選挙の季節がやってきたのだ。テレビやネットで政治の動きを見て、いろいろとガッカリすることもあったけれど、こうやって選挙に行けることを嬉しく思う。

ネットを覗いてみると思想家の東浩紀氏が投票の棄権を呼び掛けていた。どうやら、今回の選挙は選択肢が少ないし、国税が掛かる。すべてを「くだらない」と言いたいようだが、そうであれば東浩紀氏が国政選挙に立候補して、政治家にでもなればよい。だが、そういう力はないのだろう。

彼の主張を読んでいて、パソコンの前で思わず苦笑した。

彼の文章を読んでいて、私の一票とはいったい何だろうと思いを巡らせた。

私の父や母には帰化するときまで選挙権がなかった。在日コリアンには国政選挙で国会議員を選ぶ権利はもちろん、地方の首長や地方議会の議員を選ぶ権利すらない。政党によっては入党もできないし、政党の党首選挙にも参加できないような有様だ。歴史的経緯から見ても、在日コリアンが選挙権を持つのは当たり前だと思うのだけれども、それは日本の法律では認められていない。

かつて、在日コリアンには韓国における参政権も持っていなかった。韓国の大統領選挙や国会議員選挙で投票できるようになったのはつい最近のことだ。

私の父や母、伯父や伯母、当然、祖父や祖母も、日本の参政権も韓国の参政権も有していなかったのである。

その影響からだろうか。我が家では選挙に行くことが「義務」となっている。

一番下の妹が選挙権を得た。だが、妹はどこにでもいる普通の若者で、政治にはまったく興味がない。ある日、妹が食卓で「選挙行くのかったるいんだよなあ。今回は行かない」と言ったところ、母が怒った。

「あんた！　何のために帰化したと思っているの。どれだけの苦労をしてこの権利を得たかわかってんの」

母の剣幕に妹は驚いていた。

私の母は一家を代表して、帰化手続きを行っていた。私たち家族がこの国で生きていくために、この国のシステムに合わせて、この国の求めているさまざまな条件をクリアし、わからない韓国語と格闘し、時には人の助けを借りながら、書類を作成していた母が、妹を怒るのは当然だ。ましてや、帰化していなかったときのさまざまな屈辱を母は体験してきたのだから。

母の声は本当の「声」だったのだろう。

そんな帰化した私たちとは別に、さまざまな事情から日本国籍を取得していない人たちは選挙をどのように考えているのだろうか。

韓国籍の伯父の家に六年前の正月、挨拶しに行ったときのことだ。私が初めて、選挙に行くかもしれないと挨拶の場で言ったところ、伯父が真剣な目をして言った。

「おい、お前、選挙には絶対に行けよ。一票なんて入れても無駄だと思うかもしれないが、俺たちは国籍を変えないかぎり、選挙なんて行けないんだからな」

その後、伯父はとうとう日本の政治の話をし始めた。多分、伯父は選挙権のある私に見えない一票を託していたのだと思う。

当然、今回の選挙にも私は必ず行く。

他の人たちと変わらない一票かもしれないが、私が投票所で入れた一票にはそんな一票すら投じられない人たちの声も入っているのだ。

東浩紀氏の呼び掛け文をもう一度読んでいる。

「どこかに投票しなければというのは思考停止です」

「積極的棄権」

「そんな一票を投じること自体、茶番を演じる議員の掌の載っていることではないでしょうか」

茶番を演じる議員の掌で私はとことん踊ってやろうと思う。下らない選挙かもしれないが、選挙権を得るためにどんな人たちがどういう苦労をしているのか、選挙権が得られない人たちがどういう思いをしているのかを、私は見てきている。

棄権なんて私にはできないよ。

痛ければ声を出していいのさ

2017・10・18

とんねるずの名物キャラクターだった「保毛尾田保毛男」がゲイを差別しているとして問題になった。フジテレビ側はすぐに謝罪したけれども、マイノリティー側もこういうギャグに「寛容」になっていくべきだというとある女装家のインタビュー記事が発表され、それもまた波紋を広げた。

差別されている側が声を出そうとすると「図太くなれ」という意見が必ず出て来る。もっと言ってしまえば、「しょうがない」という言葉で済ませてしまうということだろうか。私自身、目の前で「チョーセンジン」とからかわれても、抗議の声を上げず、むしろその声をじっと我慢することこそが「強さ」だと思っていた。

それは「チョーセンジン」とからかわれて、殴り合いをした人たちがしみじみとある話をするからだ。彼らは差別発言をしてきた連中を殴り倒したという「武勇伝」をとうとうと語る。そして最後に必ずこう付け加える。

「いいか。殴り合いばっかりしていれば殺し合いになる。差別をしてきた人たちを見返すためには金持ちになるか、偉くなるかしかない」

私は彼らから抗議の仕方を教わった記憶はない。私は長い間、自分自身を在日コリアンだと言うことができなかった。私が自分のことを語るようになったきっかけは「何もできない私への驚きと絶望」からだった。

大学三年生ぐらいからヘイトスピーチの問題が巷で持ち上がっていたけれども、何が起こるかわからないので、カウンターデモに行くことも出来なかったし、その当時はこんなのはすぐに終わるだろうと思っていた。

だけれども、その考えは甘かった。韓国留学に帰ってきて、大学の構内でヘイトスピーチが書かれたビラを見つけたときも、たいしたことはできなかった。大ごとにしたくないという気持ちもあった。

そんな何もできない自分にがっかりして、卒論を書き始めた。その出来事を記録するためだった。黙っていればいつまでも何が痛いのかが相手には伝わらない。その人が「痛い」と言えば、どこかが痛いことはわかる。一番怖いのは「痛い」と言えないことだ。これがわかったのは、ブログを始めてからだ。「私は私だ」と言えない人たちからいろいろな相談を受けるようになった。

痛みばかりを経験していると、果てにあるのは「死」ではないだろうか。痛いことを痛いと言えない人生ほど、辛いものはないと思う。「痛い」ということは今の自分を生かすだけではなく、未来を変えていくことに繋がる。もちろん、どうやって言葉を出しているのかわからないで悩むことある。そんなときには過去に生みだされた「言葉」が救いを与えてくれるかもしれない。私たちが今、希望としている言葉は誰かが悩んだあげく、切実なものの周りで回り続けた末に、飛び出した言葉なんだ。

私はこんな話を知っている。沖縄戦で生き残った人たちが語った話だ。米兵に殺されると思い、ガマ（石灰岩でできた自然洞窟）のなかで身を潜めていた。すると外から「構わん、出てこい」と呼びかける声が聞こえてきたそうだ。その声に従って外に出てみたら、米兵たちがいた。彼らは「ＣＯＭＥ　ＯＮ！」と呼びかけていた。

彼らは思いがけず助かった。言葉には別の未来を示す力がある。過去に残された言葉は未来に生きる私たちへ道を示してきた。私たちは声を発することで、未来に生きる誰かに道を示すことができるかもしれない。

さあ、痛ければ声を出そう。

声をどう出そうか悩んでいる人たちはとことん悩もう。
それは誰かを助けるヒントになっていくから。

あとがきにかえて―名前をめぐる冒険―

ツイッターを眺めていると、美味そうなビールの宣伝が流れてきた。そこには次々と差別的なコメントが書きこまれている。どうやら、そこに出ていた水原希子さんに原因があるようだ。彼女はお父さんがアメリカ人で、お母さんは在日コリアンだという。

「水原希子」という名前ではなく、本名の「オードリー・希子・ダニエル」を使うべきだとあるタレントは主張し、「水原希子」という名前を名乗っているのは「日本人らしい名前にすれば有利だから」だと言い放つ評論家もいた。

私は思わず自分の名前を見た。

私には、かつて二つの名前があった。一つはふだん使っていた「金村詩恩」という名前、もう一つは族譜に書かれている「金詩恩」という名前である。

どうして二つの名前があるのか。

族譜に書かれている名前では銀行口座を開けなかったり、就職ができなかったりするので、日本人のような名前が必要になってくる。そこで、「創氏改名」のときに日本人が付けた名字を「通名」として用いる人たちが多い。私もかつてそのひとりだった。

現在、韓国籍から日本籍に帰化して、かつての「通名」を「本名」として使っている。

私が名前を名乗ると、「ああ、在日の方ですか」なんて言われることもある。

ある日、父と一緒に食事をしていたときのことだった。テレビでヘイトスピーチが取り上げられていて、それを見た父は突然、こんなことを言いはじめた。

「どうして、帰化したときに在日だとわからないような名字にしなかったのだろう。お前、婿養子に行って、名字を変えたっていいぞ」

もう「通名」すら使えなくなっている現実が私の目の前にあった。

都合がいいときに「日本人」らしさを求め、都合の悪いときには「外国人」だと言って排除する。いったい私はどうすればいいのか。

今回、本を出版するにあたって、私はどう名乗ったらいいのかを悩んだ。私の名前は金村詩恩と金詩恩のほかに、ブログではShion、ツイッターではzionsionを名乗っていた。金村詩恩で出すべきなのか、金詩恩を出すべきなのか。それとも、自分の身を守るためにネットで使っている名前にするべきなのか。

「在日死ね」なんていう言葉が路上で飛び交っている時代に本名で出ることには怖さがあった。

そんなときに、ある新聞記事を読んだ。それは山口県下関市のコリアンタウンを取材した記事だった。記者はコリアンタウンの店主たちに衆院選のことを聞いたが、彼らは「政治的発言をすると、商売に影響が出る」と言って、口を閉ざしたそうだ。この記事を読んでハッとした。

コリアンタウンの店主たちには生活がある。でも、私は書きたいことを書いてきただけだ。

きっと、私の言いたいことは「金村詩恩」という名前じゃなければ、書けるものではなかった。

水原希子さんがどうやって彼女自身の名前を選んだのかはわからない。

でも、自分自身で選んだ名前であることには変わらない。

彼女は胸を張って、「水原希子」と名乗っている。

彼女の姿勢とあの記事は私に戦うことを教えてくれたのかもしれない。

ある決心をした。
金村詩恩でこの本を出そう。
これが私の名前だから。

二〇一七年十一月二十六日　二十六回目の誕生日に。

【著者】
金村詩恩（かねむら・しおん） 1991年生まれ。埼玉県在住。
ブログ「私のエッジから観ている風景」
http://shionandshieun.hatenablog.com/

装丁・イラスト：イヌヲ企画 高橋貞恩

私のエッジから観ている風景
日本籍で、在日コリアンで

2017年12月19日 初版第1刷発行
著者 金村詩恩
発行 ぶなのもり
〒333-0852 埼玉県川口市芝樋ノ爪1-6-57-301
TEL.048-483-5210 FAX.048-483-5211
［MAIL］info@bunanomori.jp
［WEB］http://www.bunanomori.jp/

 ISBN 978-4-907873-03-5